从科普英语到英语科普的转型

青少年主题式学习研究

席晓萍 主编

上海辞书出版社

图书在版编目(CIP)数据

从科普英语到英语科普的转型：青少年主题式学习研究 / 席晓萍主编 . —上海：上海辞书出版社,2021
ISBN 978-7-5326-5838-1

Ⅰ. ①从… Ⅱ. ①席… Ⅲ. ①科学技术—英语—阅读教学—中学—教学参考资料 Ⅳ. ① G634.413

中国版本图书馆 CIP 数据核字(2021)第 210853 号

从科普英语到英语科普的转型

——青少年主题式学习研究

席晓萍 主编

责任编辑 马 沙
装帧设计 梁业礼
责任印制 曹洪玲

出版发行 上海世纪出版集团
上海辞书出版社(www.cishu.com.cn)
地 址 上海市闵行区号景路 159 弄 B 座(邮政编码 201101)
印 刷 浙江临安曙光印务有限公司
开 本 890×1240 毫米 1/16
印 张 6.25
字 数 162 000
版 次 2021 年 11 月第 1 版 2021 年 11 月第 1 次印刷
书 号 ISBN 978-7-5326-5838-1/G·1103
定 价 68.00 元

本书如有质量问题，请与承印厂联系。电话：0571-63783589

Preface 序

弗朗西斯·培根（Francis Bacon）说："知识的力量不仅取决于其自身的价值，更取决于它是否被传播，以及被传播的深度和广度。"科学交流是科学活动的主要组成部分之一。科学的发展，不仅依赖科学家个人的聪明才智，还要依赖科学界和社会群体广泛的理性思考、辨择和实践检验。科学知识产生的过程，也从来不是闭门造车的过程，而是科学家每时每刻与其他专家及以往的科学成果进行交流的过程。

我们早已知道，"科学技术是第一生产力"。中国这样一个世界上人口最多的国家，要解决国计民生问题，要在竞争日益激烈的国际环境中生存，必须大力发展科学技术。尽管我们国家在很多科研领域取得了重大的成就，但与发达国家的差距依然巨大。在投入金钱和人力的同时，我们必须认识到科技交流的短板严重制约着中国科技的发展；进一步加强中外科技交流是今天中国发展科技的不二选择。然而，中国科学家和学生的国际交流能力普遍偏弱，主要体现为英语表达能力尤其是用英语交流科研思想能力的欠缺。

季羡林是中国近代学贯中西的名家，不仅英语和德语水平很高，还掌握了很多偏门的外语，运用娴熟。他曾经在《季羡林自传》中谈道："外语的重要性，尽人皆知。若再详细论证，恐成蛇足。"当然，对于以象形文字为基础的中文为母语、学习任务又特别繁重的中国中小学生来说，必须先学好一门从当今世界情势来看最重要的外语，那就是英语，它已成为名副其实的世界语。这种语言，我们必须熟练掌握，不但要能读、能译，而且要能说、能写。简单来说，不仅要学英语的"知识"，还要掌握运用英语的"能力"。

英语对科技非常重要，首先，因为它的确是今天全球科技领域应用最普遍的"世界语"。任何学术活动，从学术论文的撰写到参加国际学术会议，如果你想与国际同行交流，只要能用英语，基本上到任何国家、任何国际场合都没有问题。随着现代通信媒介的蓬勃发展和经济全球化浪潮，英语已经成为世界第一通用语言，成为一种中性的信息媒介。学好英语已经成为一个高层次科技人才的必要条件。

其次，英语对于科技的重要性，还有第二层非常有意义的内涵，那就是语言对于思维逻辑的影响。以中文为母语的中国人，应该庆幸英语在以拼音文字为基础的语言中，其语法结构及“松懈”的程度可能是与中文最接近的，因此给我们的学习带来了很多方便。然而，英语的语法和词法还是比汉语要更为严格一些，再加上它的词语没有汉字那么丰富多变的内涵，因此很难容忍长句型的表述。因此，在用英语表达科研工作的内容时，作者必须要用完整而精准的逻辑表述自己的思想，才能达到“Say what you mean. Mean what you say”的目的。这种日积月累的语言训练，对于科技工作者的科学思维逻辑的形成和正确发展，实在是太重要了！

学习科技英语，自然是为了促进科技交流。然而科技英语不仅仅是“科技＋英语”，不是单靠课堂上所学的英语和科技知识，就可以流畅地进行以英语为媒介的科技交流的。首先，科技英语交流不仅是一种语言行为，还是一种心理习惯。从事科技学习和研究的人，并不一定具备科技英语交流的心理习惯。常言道，“习惯成自然”，要尽早养成用英语思考和交流的心理习惯，待其成为“自然”，交流就不是问题了。在中小学阶段，科普英语活动能够有效地激发学生科技英语交流的兴趣，培养其科技英语交流的心理习惯，提供科技英语交流的机会，从而提高学生的科技英语交流能力，为其成长为优秀的科技人才做准备。

其次，科技英语交流不是简单的语言转换，而是一种思维模式的体现。英语有很多的文体，而科技英语有独特的文体特征，只有掌握了科技英语的文体特征，才能有效地进行科技交流。科技英语有明确的表达目的，即传达信息，而不是交流感情。科技英语有自己独特的词汇和惯用的表达句型。这些都取决于科技英语表达背后的思维模式。这种思维模式的培养需要在实践中实现，而科普英语活动就能够在中小学生中有效地培养这种思维模式。

上海市科普英语项目活动从1991年开始举办，早已成为社会影响力很大、被学生普遍认可的校外教育活动，为培养优秀的科技人才做出了卓越的贡献。希望从事这一工作的教育工作者可以总结经验，开拓未来，通过这一活动促进青少年形成科技英语心理习惯、培养科学思维，为其走向科学前沿、成为优秀科技人才奠定重要素质基础。

赵国屏

赵国屏院士是著名分子微生物学家，在微生物重要基因克隆、结构与功能的基础与应用研究、微生物基因组学研究，以及SARS病毒分子流行病学和起源进化的研究等方面取得了重要成就。近5年他共发表SCI论文50篇，其中包括*Nature*、*Science*、*PNAS*、*Nature Genetics*等顶级杂志，总影响因子达277，他引360次；获得国际发明专利1项，国内发明专利20项；先后荣获国家自然科学二等奖、国家科技进步二等奖、上海市科技进步一等奖、二等奖、广东省科技进步特等奖、何梁何利科技进步奖等奖项。

Contents 目录

第一章 从科普英语到英语科普的转型

科技人才的培养与国际视野的塑造

科学是全人类的财富。科技人才要树立科学无国界的观念。瑞典化学家、工程师诺贝尔 1895 年立下创设诺贝尔奖的遗嘱，强调“在颁发奖金时，对于候选人的国籍丝毫不予考虑，不管他是否是斯堪的纳维亚人，只要他具备资格，就应获奖”。1901 年以来，一代又一代科学家获此殊荣，诺贝尔奖为基础科学的发展做出重要贡献，其一年一度的颁奖典礼也成为科学界的国际盛会。2019 年 6 月 12 日，中国载人航天工程办公室和联合国外层空间事务办公室在维也纳联合宣布，来自 17 个国家的 9 个项目从 42 项申请中脱颖而出，成为中国空间站科学实验首批入选项目。和平利用外太空是人类的共同愿望，近年来中国的宇航事业取得突飞猛进的成绩，中国愿意在设备研制、空间应用、航天员培养、联合飞行和航天医学等多个方面，积极开展国际间的交流与合作，与世界各国特别是发展中国家，分享中国载人航天发展成果。这是人类命运共同体理念的生动诠释。正如赵国屏院士所言，在跨越国界的科技合作中，英语是不可或缺的交流工具，学好英语是科技人才提升逻辑思维能力和培养科技思维模式的重要途径。换言之，无国界的科学离不开一种有一定国籍背景的语言——英语。

科技人才要牢记自己有祖国。1950 年，当时已成为美国顶尖火箭专家的钱学森受到麦卡锡主义的迫害，被拘禁 14 天，后又被变相扣留在美国，直到中国政府了解情况后通过大使级谈判的渠道向美国抗议，钱学森才得以回到祖国。正是在钱学森的领导下，中国的导弹与运载火箭的研制工作取得了长足的进展，中国因此成为第五个成功发射人造卫星的国家。2007 年“感动中国十大人物”颁奖词中这样评价钱学森：“在他心里，国为重，家为轻，科学最重，名利最轻。5 年归国路，10 年两弹成。他是知识的宝藏，是科学的旗帜，是中华民族知识分子的典范。”钱学森永远是中国科学工作者的榜样。历史惊人地相似。近年来，李文和、郗小星、李晓江、陈刚等多位旅美华裔科学家遭诬陷和迫害，被单位解职甚至身陷囹圄；最近逾千名中国留学生或研究人员的签证被美国取消。麦卡锡主义在美国借尸还魂，美国政府和社会上的反华声浪日益高涨，在这些新麦卡锡主义者看来，中国在某些科技领域的崛起是对美国全球霸主地位的挑战，怀疑中国不可能通过自身努力达到这样高度却一直拿不出证据，为打压华裔学者和中国留学人员真是“欲加之罪，何患无辞”。当然，热爱祖国，热爱科学，不等于盲目排外，更不等于抛弃英语。英语，不仅是科技人才报效祖国的必备技能，更是让世界上所有国家、所有人认识真正中国的有利工具。

科技人才尤其是科技管理人才需要广阔的胸襟与跨文化沟通能力。小到一个企业，大到一个国家，想要繁荣发展，不能仅仅局限于使用和培养本国人才，而应广纳天下英才而用之。2008 年华为推出“未来种子”计划，投入大量资金，通过奖学金、科技竞赛、数字技能培训等多种人才教育项目，为大批青年科技信息人才的成长提供了助力，至今已覆盖130个国家和地区。拥有广阔的胸襟与跨文化沟通能力，科技人才才能与不同文化背景的国际同行更好地开展合作，科技管理人才才能聚拢国际人才为共同目标而一致拼搏。科技事业的发展离不开优秀的中华儿女，也需要世界各国科技精英的加盟。英语是宽广胸襟的展示载体，也是跨文化沟通的主要实现工具。

英语科普活动不仅是用英语理解与表达科技知识的平台，更是培养科学合作精神的有益尝试，有助于初步培养科学家精神，也是培育爱国情怀与增进人类命运共同体意识的舞台。

从“科普英语”到“英语科普”的探索实践

2020年初春，新冠病毒开始席卷全球，迄今感染人数已超2亿。2021年盛夏，当全世界把希望寄托在疫苗接种率不断提高而实现群体免疫的时候，变异病毒德尔塔对人类发动了更加猛烈的攻击。最终人类能消灭这些病毒吗？如果不能，我们如何与病毒共处？新冠病毒为什么能夺走人的生命？疫苗的有效期有多长？是否需要每年打疫苗？解决全球面临的诸如健康危机等问题不只是科学家的工作，也是每一个青年人的使命。这些发生在此时此刻的真实问题恰恰是引发青少年思考当下、追问答案的契机。

调查显示，2020年全民科学素质普及的比例达到10. 56%，而美国公民现阶段科学素质普及的比例为28%（具体数据参见图1）。

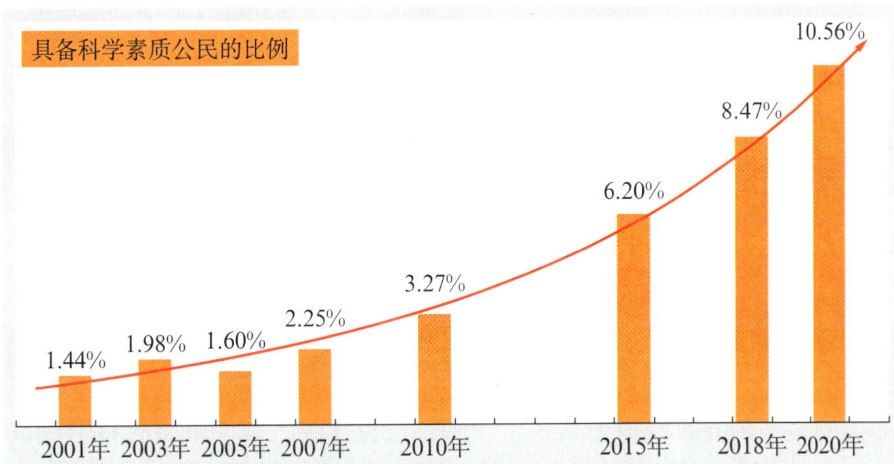

图1　中国公民科学素质水平发展状况（2001—2020年）

在新冠肺炎疫情肆虐全球的今天，提升公民科学素质显得格外重要。为青少年设计契合时代发展需要、培养创新素养的科普实践活动，是推动科普教育、从小培养青少年科学素养的有效途径。

2020年，科普英语项目因疫情防控要求，为保障学生安全暂停一年。2021年，上海市科技艺术教育中心在原科普英语活动经验基础上进行重新设计策划，推出以“讲述科学故事、普及科学知识、引发科学思考、培育科学创新”为活动理念的首届上海市青少年科学思创挑战活动。活动以前沿科技内容为主题，充分利用现代信息技术，采用线上线下结合的方式开展，鼓励学生开展科学思创活动，用英语录制5分钟的科普演讲视频，在各学校和各区进行展示交流，最后选择部分优秀学生参加现场答辩科研专家，予以评价。防疫当下，用英语传播科普知识的挑战活动仍吸引了全市16个区300余所学校的2万余名初中生积极参与。活动历时4个月，各区推荐634名中学生参加市级活动，共提交了634个英语演讲视频。其中，282人选择了工程技术；216人选择了生命科学；74人选择了物质科学；62人选择了地球宇宙。组委会组织各学科领域专家对600多个视频作品进行评选，最后推荐250名个人选手和24个团队参加现场展示答辩。参赛者在活动中用英语传播当代重要的科学成果，如病毒疫苗、基因编辑、智慧农业、人工智能、星空探测等技术。活动激发了同学们的科学兴趣，提高了学习与探究能力，拓展了科学知识，增强了英语的高阶思维与表达能力，锻炼了公共演讲技能。同时也提升了公众理解科学、关注科技发展的科学素养，助力全社会科技创新人才的孕育和培养。

一、活动理念的设计

科技创新和科学普及是创新发展的两翼。创新是在已有科学成果基础上不断探索取得进步的结果。全社会重视创新的前提是对科学成就有更深入的了解，科学普及和科普传播是向大众宣传科学的有效途径。在科技日新月异的今天，激发青少年热爱科学、自主探究的科学兴趣是科普教育的首要任务。有难度、有挑战、有创新的科普活动在激励青少年学习新知识的同时，也促进他们不断提高思考问题、解决问题和创新的能力。

人天性钟情于叙事，讲述故事是人类诞生以来最常用也最擅长的传播方式之一，也是传播科学的重要途径之一。科学界优秀的传播者是伟大的故事讲述者，他们对世界进行解释，把信息组合成一个连贯而清晰的故事，告诉人们为什么做、做了什么、如何做。

英语是目前国际科学界的通用语言，是全世界科研人员发布、交流、合作科研成果的媒介，亦是当代中国青年获取国际最新研究成果、撰写学术论文所必须具备的读写工具。中学生用英语学科学、讲科学故事，不仅可以学习新知识，也能够学习科学家获取知识的方法和思维方式。科学与语言（英语）的融合实有助于拓展青少年的国际视野，培养他们的问题意识和逻辑思维能力，提高其核心素养。

综上，首届青少年科学思创挑战活动的理念定位于鼓励青少年用英语科普和传播科学，讲述科学故事，普及科学知识，引发科学思考，培育科学创新。通过活动使青少年深入理解核心技术和科学原理，把复杂深奥的科学内容转换成公众易于理解、逻辑性强、有说服力的科学故事，构架科学与公众之间的桥梁，宣传普及科学成果，将创新创造的种子埋于青少年心底，以期在未来萌芽、生长、结果。

二、活动内容的设计

青少年科学思创挑战活动在原校外科普英语项目基础上创办的。科普英语项目始于1991年，30年来，项目坚持以语言能力为载体，着眼国际前沿技术、弘扬科学精神来助力青少年科普教育。本市各区500余所基层学校的60余万中小学生曾参加过此项目，拥有一大批青少年科普英语“粉丝”，以及有丰富指导经验和科普英语情结的众多一线英语教师，为新时代背景下科普英语项目实施改革、不断更新升级活动理念奠定了扎实的基础。

首届青少年科学思创挑战的活动内容、形式和评分标准围绕科学普及和传播的总目——科学传播标进行设计。首届青少年科学思创挑战活动选择当代科学领域内最重要的科学技术，鼓励中学生通过科学杂志、科学讲座、网络、电视等多种途径，理解技术的相关原理，传播科学成果，用通俗易懂、生动有趣的语言讲述科学故事。

为此，活动内容聚焦前沿科技。科学技术在全球化、信息化时代发展迅猛，不断改变着人类的生活。2020 年突如其来的疫情让每个人对微小的生物心生敬畏。除了人工智能、自动驾驶等热门领域，人们开始关心、谈论病毒传染性的话题，渴望科学家能发明出彻底打败病毒的疫苗。让青少年深入了解学习与生活息息相关的、当代最重要的科学技术，能使其主动将课堂知识与现实生活相关联，引导学生迁移和应用知识，开展促进创新思维、提高解决问题能力的锻炼和实践。因此，本届活动推荐学生探究各科学领域的核心技术，具体内容包括生命科学（病毒疫苗，基因编辑，灵长类动物克隆）、宇宙科学（VLBI 技术在天文观测、深空探测中的应用，主动光学技术，激光测距技术）、物质科学（材料科学，核磁共振仪器，X 射线仪器）和工程技术（无人驾驶中的人工智能，手术机器人，空间机器人，智慧农业，智能制造，智慧物流）。

三、活动形式的设计

为此，本次活动设计采用现场陈述加答辩的方式，要求学生在 5 分钟内用英语介绍某一项科学前沿成果或先进科学技术。

青少年科普活动应依据活动理念，设计符合其心理特征、知识结构与兴趣爱好的活动方式。青少年的好奇心和求知欲强，创造力、想象力丰富，天性乐于挑战、渴望表达。活动鼓励学生挑战自我、自主探究先进的科学技术内容，发挥创意与想象，愿意向大众普及不熟悉的、有价值的科学内容。这样既可传播科学，又可激励中学生热爱科学，提高其语言表达与思维能力。

科学故事的本质是将科学内容按照一定的逻辑顺序加以组织和呈现，回答诸如为什么做（WHY）、做什么（WHAT）、如何做（HOW）等关键问题。因此，要求中学生讲述的故事应具有：科学性；逻辑性；传播性的特点。

四、活动原则的设计

青少年科普活动评价方式应坚持公开性原则，从知识、技能和情感目标等方面对学生进行多元化评价。

1. 明晰性：清楚描述学生应掌握的知识和应达到的技能；

2. 知晓性：活动前学生已知晓评价的内容及标准；

本项目根据学生的综合表现，由专家组成员进行评审后，分为合格、良好、优秀三个等级，具体评级标准参见附录 3。

五、活动反思

首届青少年科学思创活动为本市中学生创设了一个探究前沿科技、分享科学故事、提升核心素养的实践平台。使青少年充分体验感受分享和表达的魅力，引发问题意识和科学思考，树立未来投身科技事业的理想和信念。本项目在科普教育新模式、丰富青少年科学实践活动内容，使“双减”政策有效落地等方面做了积极的尝试。

1. 鼓励中学生用英语传播前沿科学知识，树立为祖国科技事业奋斗的志向

本项目采用跨学科的实践模式，培养既精通英语又热爱科学的现代中国人，极大地激发了中学生对前沿科技的关注和探究兴趣。学生在活动中主动拓展学习未知的科学知识，深入了解前沿科学背后的原理和关键突破点，对关系到人类共同命运的科学问题进行理性分析与深度思考。

荣获第 28 届高中科普英语竞赛一等奖的胡庭恺同学可谓“双喜临门”：来自上海实验学校高二年级的他于获奖当年被中国科学技术大学少年班录取。他说面试中关于无人驾驶的话题正好与科普英语的选题一致。凭借为参加比赛而查阅文献、知识拓展、实验模拟、撰写报告、制作 PPT、演讲录播、现场专家答辩等一系列准备、探索，在面试环节中表现较好，如愿进入了少年班。他的成功也恰恰说明科普英语引导中学生关注和深度探究科技前沿与我国创新人才培养理念一致，即激励中学生着眼国际科技前沿发展，树立为推动我国早日成为科技强国而学习奋斗的远大志向。

疫情下很多同学选择了病毒疫苗进行探究，使中学生对疫苗的工作原理、不同种类疫苗的特点和作用有了科学的认识。有些同学通过资料调查对最新的 mRNA 疫苗的科学原理和未来应用前景有了认识和了解；为我国陈薇院士研发腺病毒载体疫苗的成功和祖国的抗疫斗争发自内心地感到骄傲和自豪。华育中学的师亦凡同学在研究激光测距原理的过程中被中国科学家的航天精神感动，希望自己未来从事宇宙物理学科研究，成为一名为国争光的航天工程师。张润泽同学自学物理知识，构思 PPT，反复修改故事内容，在指导老师的帮助下收获颇丰，他说：“因为兴趣，才有创新。把一个科学道理讲的能让大家都听懂理解，这才是真正的科普。”

2. 提高了中学生的科学兴趣和自主学习能力

大部分中学生对活动推荐的科技内容比较陌生，但面对英语语言和科学内容的双重挑战，他们克服困难，主动学习新知识，努力理解深奥的概念和科学原理，自学能力、信息综述能力、演讲能力和自我反思能力都得到了提高。虽然疫情对学生亲自实践（如做实验增加体验的机会）带来不利条件，但学生利用丰富的互联网资源搜索、查阅、参考国际知名权威科学杂志（《科学》《细胞》）和文献，激发学习兴趣，提升自主学习能力。很多同学通过《科学美国人》、B 站、TED 演讲、果壳、李永乐讲科普等优质大众媒体和科普公众号获取信息。上海实验学校的曹赟同学花了一个月的时间在科学网站和国际权威期刊上搜寻信息，观看克隆话题视频，对灵长类动物克隆的历史背景、克隆原理和科研成果有了系统完整的认识。他在整个探索学习的过程中“不仅拓宽了知识面，还学会了甄别信息的有效性和价值性”。

3. 锻炼了中学生的科学思维和语言能力

科学家探索发现世界现象和运行规律的过程就是观察、提问、思考、验证、阐释的过程。逻辑思维是科学思维的灵魂。心理学研究成果表明，在学习过程中，能用自己的语言把新知识表达出来，并与已

知联系起来诠释两者之间的关联，就能更加牢固地掌握新知识。学生理解复杂的科学信息时，用自己的语言转化和构建知识，不仅可以学习做的方法（ways to do），同时还能学习科学家想的方法（ways to think）。

学生在本次活动中争做科普大使，充分发挥创意和想象力，学习和重新建构新知识，用多样的讲述风格和不同的表现方式展示自己对科技的诠释和思考。他们化身为媒体记者和科普作家，采用新闻采访、角色扮演、访谈对话、情景剧、拟人化独白等方式，用或严谨或诙谐的语言科普了当前重要的科学成果，大大增强了科普效果。

（1）比喻让故事富有吸引力

“Imagine that you are walking through a long, dark tunnel. What do you desire most? Light. And that light, is vaccine.”华二实验学校的谈馨媛同学用以自问自答的方式开门见山，把疫苗比喻成黑暗隧道里的一道光，给人类带来温暖和希望，引发听者的共鸣，然后从家中长辈对注射疫苗是否会感染病毒的担心展开故事，表达清晰并十分口语化。

（2）拟人化方式增强科普效果

崇实中学的杨婧萱同学用第一人称和拟人化俏皮生动的语言讲述疫苗出生及其家族共同抗击病毒的故事：“I have two good brothers. One is live attenuated vaccine. It is made of the pathogen itself but a much weaker and tamer version. The other one is inactive vaccine, in which the pathogens have been killed. But the first brother had a great temper.”

华二民办初中的陈肯同学也化身病毒，介绍新冠病毒用刺突蛋白这个武器入侵人体细胞，而疫苗使武器失灵：“I’m very tiny but I’m extremely powerful. Take a look at my weapons—the spikes. With them, I can easily penetrate into human’s cells.”“People are so smart that they know if they want to defeat me, the first thing is to to make my weapons lose their power.”

4. 催生学习共同体；师生共同成长

为了帮助中学生把深奥的科学原理搞清楚、讲明白，英语教师、科技教师、科研专家、同学组成学习共同体，成为学生的“智囊团”，从信息的搜索与筛选、分析与判断、组合与撰写，到 PPT 的修改、演讲技能等各方面与学生进行平等交流和讨论，给予学生温暖的支持和力量，让学生充满自信地展示自我，做传播科学的使者。

《中庸·礼记》记载：“学然后知不足，教然后知困。知不足然后能自反也，知困然后能自强也。”上海实验学校指导教师徐嫣莉初次阅读学生的演讲报告时，作为英语老师她并不能确定学生的英文用词的专业性，内容是否属于生命科学领域中的重大发现和最新成果，以及学生解释其中关键技术的准确性。于是她进行自学，参考权威网站、报道，权威杂志如《自然》《国家地理》以及国外的新闻，了解灵长类动物克隆技术，自己先做了笔记。有了科学背景知识积累，她回头再审阅学生的初稿，发现其中绝大部分内容都是正确的，但对关键技术的解释还不到位，也缺乏对科研成果实际应用的介绍。于是徐老师把自己消化过的知识和学生交流，帮助其捕捉关键技术点。最终，曹赞同学以“灵长类动物克隆”为主题的演讲获得了本届活动的一等奖。可见，学生科学素养的提升需要学校、家庭和社会建立学习共同体，共同努力；老师主动学习新知识，了解科学成果，与学生共同成长，推动终身学习理念的践行。

六、活动总结

科学有故事，科普传播需要讲故事。疫情下顺利完成的中学生英语科普项目践行“用英语传播种子”的活动理念，探索开展青少年科普教育的多元化模式；鼓励学生利用现代信息技术获取最新科技信息，对信息进行转换和构建，用通俗易懂的语言有逻辑地讲述科学故事；激发同学们对科学的热爱与求索，并向更多的人传播科学前沿的成就，让更多的人了解、热爱科学，加入到科普传播的队伍中；鼓励同学们做科普宣传大使，为祖国的科学研究和科技创新贡献力量。

未来我们将面临一个人才竞争日趋国际化的时代。美国语言能力教育专家朱迪思·朗格（Judith A. Langer）认为，“当学生真正适应特定科学领域的思考与实践方式时，他们将变成具有自我反思能力与批判能力且知识丰富的思考者”。科普英语项目所承担的可提高我国青少年批判性思维、创新思维和学术英语能力，借科学知识普及之举，行培育思想巨人之实。未来，今日参与科普英语项目的学子将可能与全世界的优秀科学家开展合作，攻克世界级难题，让地球成为全人类共同的更加美丽家园。

感谢我国著名分子微生物学家、中国科学院赵国屏院士亲自为本书作序。我们相信广大青少年在国家、学校和社会各级人士的培养下，必将走向世界，为祖国增光，为人类谋福利！

第二章 青少年科学思创挑战活动的自主学习策略

青少年科学思创挑战活动是一门综合性校外课程，信息量大，学科综合，学生在参与过程中不仅需要校内学科知识作为基础，还需要指导老师引导学生质疑、调查、探究、实践，既动手又动脑，则能激发学生学习科学的积极性，使其发现科学的美，发现科学的神奇。

学生对前沿知识的不断深入探索，需要在众多的知识和信息中寻找适合自己的选题，收集各种资料，解决问题，在解决问题的同时会发现新的问题，步入自主学习，达到本项目的主旨，即提高主动学习能力，主动传播科学，热爱科学的目的。

一、自主学习的界定

自主学习是以学生作为学习的主体，通过学生独立地分析、探索、实践、质疑、创造等方法来实现学习目标。《基础教育课程改革纲要（试行）》在论及基础教育课程改革的具体目标时指出："改变课程实施过于强调接受学习、死记硬背、机械的现状，倡导学生主动参与、乐于探究、勤于动手，培养学生搜集和处理信息的能力、获取新知识的能力、分析和解决问题的能力以及交流与合作的能力。"自主学习强调培育学生强烈的学习动机和浓厚的学习兴趣，从而进行能动的学习，即主动地自觉自愿地学习，而不是被动地或不情愿地学习。

二、自主学习的特点

自主学习这一概念显示着学习是学习主体（学生）自己的事情，体现着主体所具有的能动品质；学习是自主的学习，自主是学习的本质，自主性是学习的本质属性。

1. 自立性

每个学习主体都是具有相对独立性的人，学习是学习主体自己的事、自己的行为，是任何人不能代替、不可替代的。每个学习主体都具有自我独立的心理认知系统，学习是其对外界刺激信息独立分析、思考的结果，具有自己的独特方式和特殊意义。

每个学习主体都具有求得自我独立的欲望，使其获得独立自主性的内在根据和动力。

每个学习主体都具有"天赋"的学习潜能和一定的独立能力，能够依靠自己解决学习过程中的障碍，从而获取知识。自立性是自主学习的基础和前提，是学习主体内在的本质特性，是每个学习主体普遍具有的。它不仅经常地体现在学习活动的各个方面，而且贯穿于学习过程的始终。因此，自立性是自主学习的灵魂。

2. 自为性

学习主体将学习纳入自己的生活结构之中，成为其生命活动中不可剥落的有机组成部分。自为性是独立性的体现和展开，包含着学习的自我探索性、自我选择性、自我建构性和自我创造性四个层面的结构关系。因此，自为学习本质上就是学习主体自我探索、自我选择、自我建构、自我创造知识的过程。

自我探索往往基于好奇心。好奇心是人的天性，既产生学习需求，又是一种学习动力。自我探索是学习主体基于好奇心所引发的，对事物、环境、事件等的自我求知、索知的过程。它不仅表现在学习主体对事物、事件的直接认识上，而且也表现在对文本知识的学习上。

自我选择指学习主体在探索中对信息的由己注意性。外部信息只有经学习主体的选择才能被纳入认知领域；选择是由于被注意，只有经学习主体注意的信息才能被选择而被认知。因此，学习是从学习主体对信息的注意开始的。而一种信息要引起注意，主要是由于它与学习主体的内在需求相一致。

自我建构性指学习主体在学习过程中自己建构知识的过程，即其新知识的形成和建立过程。在这过程中由选择性注意所提供的新信息、新知识，是学习的对象。对这一对象的学习则必须以学习主体原有的经验和认知结构为前提，而从头脑中选择提取的信息是学习新信息、新知识的基础。这两处信息经由学习主体的思维加工而发生了新旧知识的整合和同化，使原有的知识得到充实、升华、联合，从而建立新的知识系统。因此，建构知识既是对原有知识的保留，又是对原有知识的超越。

自我创造性是学习自为性更重要、更高层次的表现，学习主体在建构知识的基础上，创造出能够指导实践并满足自己需求的实践理念模型。这种实践理念及模式，是学习主体根据对事物发展的客观规律、对事物真理的超前认识、对其自身强烈而明确的内在需求，从而进行创造性思维的结果。建构知识是对真理的认识，是对原有知识的超越；而实践理念模式则是以现有真理性知识为基础，并超越了它（即是对事物真理的超前认识）。

3. 自律性

自律性是学习主体对自己学习的自我约束性或规范性，在认识域中表现为自觉地学习。

自觉性是学习主体的觉醒或醒悟性，对自己的学习要求、目的、目标、行为、意义的一种充分觉醒。它规范、约束自己的学习行为，促使自己的学习不断进取、持之以恒。它在行为域中则表现为主动和积极。主动性和积极性是自律性的外在表现。因此，自律学习也就是一种主动、积极的学习。

自律学习体现学习主体清醒的责任感，确保学习主体积极主动地探索、选择信息，积极主动地建构、创造知识。

这三个特点都说明了学习主体是自己学习的主人，学习归根结底是由学习主体自己主导和完成的。承认并肯定这一思想，有助于探索创立崭新的教育教学手段、模式，英语科普无疑是一种初试。

三、英语科普的自主学习策略

青少年科学思创挑战活动鼓励学生把在校学习的知识运用到实践中，学会用英语表达、交流、分享对科学前沿知识的思考，活动理念顺应教育本质的要求，要求参与者“讲述科学故事、普及科学知识、引发科学思考、培育科学创新”，因此需要参与者不断进行自主学习。

（一）选题

爱因斯坦说过，提出一个问题比解决一个问题更重要。问题不仅是自主学习的开端，也是自主学习的主线，也能激发学生的求知欲和创造力，是学生锻炼思维的前提。选题是确定研究的内容、研究的方向、研究的目标，是任何科学研究的起点和关键。青少年科学思创挑战活动也如此。

选题的基本要求：

（1）主题是否明确？

有了题目，不等于主题就明确了。同样一个题目，可以从不同视角、不同层次，用不同的方法进行设计与完成。例如，就一个具体的生命科学研究而言，可以研究基因的发展与变化，也可以研究它对人类的贡献，还可以研究免疫重组等。

选题要明确自己的研究视角，研究侧重点和自己希望表明的主要意思。

（2）资料是否充分？

研究主题明确之后，自己对这一问题的资料了解是否充分？资料主要指关于这个问题科学界已经发表的见解和意见。因此，确定论题明确主题以后，一定要设法找齐相关文献，尤其是权威文献，越完备越好，资料不充分不要急于开展下面工作。

青少年科学思创挑战活动不仅仅是为了使中学生参加一项项目，而且培养学生的核心素养，因此鼓励学生平时养成阅读的习惯，而且要做好笔记，注意平时资料的积累。

（3）是否提炼出一点新意？

新意，就是别人没有说过的话。参加青少年科学思创挑战活动的任何作品都应有自己的新意。用独特的方式，传播一个新的理论或新的结论；用一个新的创意，选择一个新的角度，对自己感兴趣的前沿科学进行分析和解释，对其未来的发展做出判断；或者对有些已有的科普形式提出不同的意见等。

（4）自己是否熟悉或了解？

选题时尽量选取自己喜欢的话题。如果话题感兴趣，学生会自己主动查阅大量的资料，学到很多知识，这也正是英语科普项目的真正意义所在。

虽然说兴趣是最好的老师，是促使学生参加青少年科学思创挑战活动的重要内部动力，相对于自己陌生的领域，选择熟悉的领域更容易获得成功。

选题时，同学要考虑到自己的特长和自己熟悉的内容。因为无论选题具有多大的价值，但完成者力不从心，无法完成或无法圆满完成，也是不合适的。

2021 年青少年科学思创挑战活动的选择以命题形式呈现，这些选题均为世界性科技前沿的研究领域，科技界公认的研究热点，符合未来科技发展的需要。对今年的参与者进行调研，得知他们的选题多为自己感兴趣或对该方向略知一二。

（二）凝练重点

这是一个读书从薄读到厚，再从厚读到薄的过程，需要参赛者具备较好的收集信息、消化信息、提出问题的能力。第一，从结果上看，参赛者只有 5 分钟左右的时间向评委展示，如果对该选题的多个方面都均匀使力，势必无法突出重点，优势也不明显。试想上百位同学都针对同一个选题进行介绍，大家都从定义、分类、技术、应用等角度阐述，即都用 1 分钟左右介绍每个方面，结果会怎么样？第二，参赛者应换位思考，想象如果自己是听众，会期待听到的是这项前沿技术的什么内容。听众会关注这项技术是怎么实现的，难点在哪里，科学家对此有什么样的探索思路，如果还能加上自己的一些有理论依据的思考，就更好了。当然，并不是说只需要谈工作原理，而是要重点关注工作原理；工作原理的介绍应当是道主菜，其他问题的引入、分类、应用等是让饮食更加丰富可口的必要补充。

（三）故事讲述

参赛者科学设计课题后，需凝练重点，用合适的方法对自己的课题内容进行生动有逻辑、图文并茂的展示。为达成此目的，学生应熟练掌握内容、反复联系，可先尝试为家人、同学讲述，使其听懂理解科学技术工作原理中的重点。

（1）生命科学

生命科学包括所有对生物（微生物、植物、动物等）进行研究的科学领域，也包括对相关领域的考量，例如生物伦理学。近年来，随着基因测序、组学分析、基因编辑和生物合成等核心技术的快速突破，生命科学在解决人类面临的疾病难题、资源瓶颈和环境问题等重大问题上，以及在推动新一轮世界科技革命和产业发展上的主导地位日益凸显。

通过对小学“自然常识”和初中“生命科学”的系统学习，以及平时对科学史、生命科学最新研究动态等方面知识的关注，初中生已经获得了生命科学的基本常识，为开展科普英语生命科学方面的相关课题研究储备了一定的基础。在此基础上，初中生可依据自己的兴趣爱好来进行相关课题研究。

第一，在生命科学的研究范畴内，从对自己的兴趣爱好出发，通过查阅文献或者在他人的启发下找出适合自身观察研究的科学问题。如对身边生命体进行观察、思考和想象，从而思考、设计自己的课题：为什么黄粉虫能够吃塑料袋？植物也懂数学吗？水黾为什么能够在水面上行走？裸鼹鼠为什么不得癌症？

第二，确定研究课题后，参赛者可先通过网络（中国知网、维普网、谷歌学术、美国国家生物技术信息中心、维基百科、百度等网站）、工具书和图书馆订阅的各种期刊等途径搜集资料，设计课题研究的可行性方案。再与课题指导老师、本领域专家讨论课题研究的可行性，进一步完善课题研究方案。

第三，确定课题研究方案后，如果参赛者从“科学之思”视角开始研究，可以更深入查阅文献并与本领域专家讨论、实验等途径搜集证据证实自己的新观点、新概念、新视角；如果参赛者从“科学之创”视角开始研究，可以更深入查阅相关资料、请教本领域相关专家，创造自己的新作品。

第四，确定研究课题和研究方案，并获得相关数据（“科学之思”）后，参赛者需要归纳自己课题的创新点；或者在确定研究课题和研究方案，并设计新作品（“科学之创”）后，参赛者需要总结说明自己作品的独特性和可能的应用前景。一般来说，这些课题的创新点和作品的独特性可与前人的工作相比较而获得。

最后，用英语把自己的所思所想设计为一个完整的小故事（Word 版），并用英语流利地向评委老师展示自身的逻辑思维方式。在这个过程中，通常需要制作一个 PPT 来协助展示。

（2）物质科学

初中学生开展科普英语探究活动的主要目的应为提高科学兴趣，掌握科学探究方法和过程，初步形成独立思考、分析和解决实际问题的能力。以英语作为交流表达媒介，是为了给学生创造使用英语表达自己探究活动的机会，从而使学生体会未来参与国际科学技术交流的状况，提高国际交流水平。科学探究活动是一个学习知识和探索未知的过程。既然要探索未知问题，首先就需要去探索和发现问题，即使不是发现新问题，也要在现有基础上提出问题，科学探究活动本身就是一个提出问题、解决问题的活动。科学探究项目与开展科研项目类似，一般包含选题及意义、探究目标和内容、探究的路线和可行性、探究实施过程、实验结果分析和结论等。在进行科学探究过程中，选题是活动的第一步，也是至关重要的一环，对下一步的探究实施有着决定性的影响。作为中学生，基础知识有限，对生活中的事物观察不足，这些都限制了选题的选择。选题就是设定探究方向，决定探究的难易程度、未来的实施方案和可行性。物质科学主要探究物质的微观结构、运动及其相互作用规律，物质内部结构的不直观性和抽象性，可能会让中学生有些无所适从。

初中学生的探究课题一般应为小型课题，为了具有可行性，探究内容不宜过多和不宜过复杂，在结构上，整个探究项目应包含选题及意义、探究目标和内容、实施过程、结果分析和结论等。

第一，初中学生的选题，难易程度要符合自己的认知水平，不易过难。选题过于高深，是中学生科学探究活动中存在的主要问题。科学探究选题要基于认知，基于生活，选择适合自己探究的课题，主要应着眼于如何发现和提出什么问题，是否可以通过探究来解决、能够得到什么样有意义的结果以及通过探究活动自己能取得什么样的收获。第二，选题要具有新颖性、创新性。任何的科学探究，必须具备探究的价值，应当探究未知或多数人未知的内容，提出使人感兴趣、值得探究的问题。因此在选题过程中需要多阅读多思考，多观察生活中的事物和遇到的问题，才可以选出有意义的题目。在科学技术高度发达的今天，很难发现尚未被探索的领域。因此，选题时一定要充分了解该领域的研究现状和存在的问题，如果确定了选题领域，那么该领域存在的问题就是要研究的内容和方向。如果不了解研究进展状况，就可能出现重复探究和无意义的探究活动。众所周知，要求中学生去发现新问题，探究某个领域的科学前沿，是严重脱离现实的。因此，在物质科学探究中，初中学生可以选择多数人不了解，而自己感兴趣的科学问题进行探究，提出的问题最好与人们的实际生活相关，或者是人们可以接触到，但并不清楚其中的奥妙且能引起多数人兴趣的问题。通过探究活动，自己对相关领域的知识有了一定的了解，也给其他人进行了科普宣传。探究活动的重点在于独立分析、思考和解决问题的过程，能在初中学生的认知水平上解释清楚探究的结论即可。

（3）地球宇宙科学

为了解决问题而寻找相关知识，汇集串成一个完整的故事，并用口头报告的方式表达，这种“主动学习＋拓展学习＋知识融合”的方式有助于培养学生创新解决问题的能力，而这种能力也正是21世纪的中学生的核心素养和必要技能。

天文学是研究宇宙空间天体、宇宙的结构和发展的学科。地球、宇宙与空间科学，顾名思义是指地球和宇宙科学，和专业定义的天文学不完全一样。根据教育部印发的《普通高等学校本科专业目录》，与地球宇宙科学有关的多个学科均属于一级学科，包括天文学、地理学、大气科学、海洋科学、地球物理学和地质学等。由此可见，地球宇宙科学包括的内容很广泛。

初中科普英语竞赛中之所以设置地球、宇宙与空间科学领域，主要基于五个方面的原因。

第一，学校科学课程的基础。中小学科学课上，地球、宇宙与空间科学的内容包括宇宙与空间探索，地球、矿物和材料，海洋与海洋开发，人与自然的协调发展。初中地理选修课标中，与地球环境相关的内容包括海洋地理、地球、自然灾害与防治、旅游地、城乡规划、环境保护和地理信息技术应用。学生在学校学习了基础科学知识，对地球、宇宙与空间科学并不陌生。希望学生从已知的领域出发，结合自身的兴趣寻找问题，并试图解决。

第二，好奇心。以天文学为例，几乎每个学生都能如数家珍般地说出太阳系中八大行星的名称和特点，对星际旅行的可能性、黑洞是否存在等问题充满了好奇心。希望学生从好奇心入手，深入搜索和挖掘资料，提出见解，并加以佐证。

第三，深入思考。多数学生对四季、月相和极光等现象的原因有所了解但并不十分清楚。这类问题看似很简单，用一两句话就能解释清楚，但可否反思：对于此类问题容易产生的误解是什么？如何定量和定性地解释这类生活中的天文学问题呢？

第四，前沿发展。仍然以天文学为例，近几年来，进入公众视野的科学进展颇多，如拍摄到黑洞的首张照片、首次探测到了引力波、又一次发现了一颗处于宜居带的类地行星、展示了银河系恒星盘边缘的翘曲结构等。科学前沿工作的广泛传播，为学生选取话题提供了便捷性。

第五，综合性能力。不论是选择哪个小领域，不论选择“科学之思”还是“科学之创”，均是对提升学生综合性能力的一次挑战。

2019 年，国际天文学联合会组织的一个工作组提出了天文学素养中的重大问题，其中列举了 11 个天文学大问题，分别是：天文学是人类历史上的一门古老科学；人们能感受到天文学中的一些现象；星空是丰富的，蕴含着很多信息；天文学是一门研究宇宙中天体、宇宙结构和演化的科学；天文学受益于技术的发展，也推动着技术的进步；宇宙学是一门研究宇宙的科学；我们都生活在太阳系中的一颗行星上；我们是来自星星的孩子；宇宙中有几千亿个星系；我们在宇宙中也许不是孤独的；我们必须保护地球——宇宙中目前已知的唯一的家。这些问题可供学生们在选题时参考。

为了更明确地引导学生选题，第 27 届高中学生科普英语竞赛的地球、宇宙与空间科学领域将选题限定在三个范围内。

第一，生活中的天文学：四季、日出日落、月相、太阳能、太阳活动、时间、历法、防晒等。

第二，针对天文前沿发现的思考和创意：如黑洞首张照片（黑洞、VLBI 技术、望远镜、观测台站和合作模式等）、系外行星、星系、银河系结构的认识、诺贝尔物理学奖的成果等。

第三，利用天文现象背后的物理或技术去解决生活中的难题。

（4）工程技术

工程技术是在工业生产中实际应用的技术，是人们将科学理论或技术的研究成果应用于工业生产过程，从而改造自然的手段和方法。工程技术领域的范围比较广阔，根据所采用的手段和方法以及所达到结果的不同，形成了工程技术的各种形态和领域。例如，研究机械结构设计制造的机械工程，研究电子和电网设备及运行的电子电气工程，以及现在异常火热的人工智能等。随着几十年来科学与技术的不断发展，工程技术的概念、手段和方法已经渗透到现代科学技术和社会生活的各个方面，工程技术已经突破了工业生产技术的范围，展现出广阔的应用前景。

青少年科学思创挑战活动设置工程技术领域主要有以下两方面原因：

第一，工程技术具有实用性与前沿性。以当前的前沿科技为例，人工智能的火热浪潮促使一大批形态各异的机器人出现，每一种机器人都有明确的具体用途，可以帮助人们完成生产生活中的各类任务。比如：在工业方面，工业机器人可以帮助搬运分拣货品；在医疗方面，手术机器人可以协助医生进行手术；在生活方面，清洁机器人可以帮助人们清洁地面，服务机器人可以与我们沟通对话甚至寻找物品；在军事方面，军用机器人能完成侦察、作战和后勤支援等任务。

第二，研究工程技术的意义重大。我们希望通过活动，真正培养学生的质疑精神和创新能力，为推动我国的工程技术创新贡献力量。不可否认，中国目前的工程技术水平与发达国家相比还存在一定差距，就机器人领域而言，美国的智能机器人在国际上一直处于领先地位，其技术全面、先进，适应性也很强。比如，波士顿动力公司的机器人阿特拉斯（Atlas），它能走能跑，草地、雪地、碎石地都难不倒它。在新公开的视频中，它可以完成一系列的高难度体操动作。反观中国的机器人领域，因其起步较晚，近年来虽获得大力发展，但相比一些发达国家还有一定的差距。所以我国目前大力扶持相关的产业，以期以机器人为媒介推动整个制造业的改变，推动整个高技术产业的壮大，而这一宏伟的目标，还需要更多相关领域的人才去实现。

就 2021 年活动而言，我们设定的工程技术领域的范围比较大，可选的具体研究内容有很多，但从参赛学生的表现来看，大家选题仍有一些局限。大部分学生都将眼光集中在电子发明或是人工智能的应用上，虽然紧跟了时代的脚步，但应该更加拓宽视野，上至地球卫星的定位导航，下至公路的交通灯时间分配设置，要学会广泛调研、发现问题、提出设想并最终解决问题。尤其是“科学之思”部分，我们鼓励学生用英语表达对某一科技领域的诠释、思考、创意和想象，如科学概念、原理、现象、科技创造发明、前沿科技动态、对未来科技的预测、个人的思考和创意等。侧重点在个人的思考和创意，而不是简单地对前人的研究方法进行综述分析，要能够体现自己的创新。这种工程的创新并不一定要求学生从无到有创造一个理论，而是可以发散思维，将解决其他问题的一个基础理论稍加修改，应用于解决实际的工程问题之中。

工程技术研究的开展是一个综合全面的过程，往往涉及多技术的融合。我们以研发智能轮椅为例，简单介绍一下如何开展一项工程技术的研究：首先要明确研究目标，思考智能轮椅能实现哪些功能，比如能够在室内自主导航、合理避障、应对紧急突发情况、顺利通过狭窄复杂路段等。根据要完成的任务，我们将一个大问题分解为若干个小问题。接下来，对于每一个小问题，我们要对涉及的相关领域进行调研，了解最近的研究成果、亟待解决的问题等。比如对于轮椅的路径规划问题，调研现有的路径规划的算法有哪些（例如传统算法、图形学的方法、智能仿生学算法等），每一种算法适用什么情况，各自都有什么优缺点等，再根据我们应用的场景选取一种或多种合适的算法或者改进的算法进行实验比较，根据实验的结果（计算效率、路径的距离、路径的安全性等指标）确定最合适的算法，应用于我们的智能轮椅设计。在整个过程中，学生不仅要培养独立思考、自主学习的能力，也要多与他人交流，遇到问题及时寻求老师和相关专业人士的帮助。

第三章 上海市青少年科学思创挑战活动所思所想

一、生命科学

（一）基因编辑
Gene Editing——Customizing Nature

华育中学 王舜筠 朱瑜玥 陈致远[①]

指导老师 刘 曜

1. 我的科学故事

Gene Editing—Customizing Nature

Hello everyone, we are the contestants from Huayu Private Middle School. My name is Zhu Yuye/ Wang Shunjun Chen Zhiyuan. Thank you for spending the following few minutes with us.

Z: In 1886, Austrian scientist Mendel discovered that a substance present in all living things can control their traits. Since then, humans have ventured far and wide into the domains of genetics. However, the technology has caused wide-spread concern and horror. With CRISPR-Cas9 winning the 2020 Nobel prize, we can't help asking: Are we knocking on the door to heaven or standing by the edge of hell? Welcome to today's "Let's talk", I am your host Nicole.

Let me introduce our panelists. Doctor Anne Wang is a biology professor, currently leading in the field. Mr Chris Chen is a journalist for the paper Medical Daily. Doctor Wang, would you like to start by giving us a brief intro to gene editing?

W: Of course. Gene editing is a group of technologies that enable us to change an organism's DNA, allowing genetic materials to be added, removed, or altered at particular locations in the genome, forming different traits or characteristics. In other words, we can customize our very own nature.

Z: What approaches do we have to really achieve this?

W: There is a variety of ways to edit genes, such as TALEN, and CRISPR. Let me introduce CRISPR here.

① 本案例中，王舜筠简称 W，朱瑜玥简称 Z，陈致远简称 C。
② 扫描二维码可观看案例视频。

The CRISPR CAS 9 system is a tool for cutting DNA at a targeted location. There are two components in the system, a DNA cutting protein called CAS 9 and an RNA molecule known as the guide RNA. Bound together, they form a complex that can identify and cut specific sections of DNA. First, CAS 9 has to locate and bind to a common sequence in the genome called a Pam. Once the pam is bound, the guide RNA unwinds part of the double helix. The guide RNA is designed to match and bind a particular sequence in the DNA. Once the CRISPR CAS 9 system finds the correct target sequence, CAS 9 can cut DNA and make a gap in the two nuclease domains, which will break the double bond. This makes CRISPR a great tool for knocking out specific genes, which means you could turn a disease-causing mutation into a healthy version of the gene.

Z: Thank you doctor.

So, Mr. Chen, how does the medical field like this idea?

C: Even if all the clinical experiments have appeared successful, we cannot ignore the possibility of a risk. Researchers at FDA recently detected a generic error in a gene-edited cow. It indicates that there are chances when the technology gets out of our control. Secondly, we can hardly confine the change on the target species, owing to gene flow, which is a fancy way of saying that neighboring species interbreed.

Z: Doctor Wang, how would you address these concerns?

W: There are risks at present. But we should improve the technology until we find the way to avoid all those risks, instead of denying it.

The applications of gene editing are endless compared to the temporary barriers we are facing.

First of all, it is a useful alternative in treating malignant genetic diseases like Down's syndrome and Thalassemia.

Secondly, it can be used for non-medical purposes. Parents can change children's genes resulting in traits they don't like and insert genes obtained from other organisms to shape ideal traits. That is, to design their children.

Thirdly, we can use it for xenotransplantation. e. g. we can knock out certain genes in pigs so that transplantation of pig organs into human body will not cause immune response or cross species infection.

Z: Thank you Doctor Wang, but I do believe that we have some concerns here. It is generally believed that the technology will be more frequently used to make people more beautiful or smarter rather than to cure illnesses. Even when curing illnesses, is it always right to do this? Mr. Chen, what would you say?

C: I am still rather concerned about using the technology on the human body. You see, as we involve humans in science, we must consider ethical issues. Speaking of editing our traits, we are actually interfering with evolution. Imagine that everyone on the street looks like Nicole Kidman and thinks like Bertrand Russel. Sounds great, right? But when you think twice, you would find it completely mistaken.

Once the technology comes out, the price will rise as the demand rises. So only those already rich can have access to the technology. Their kids will be exceedingly smart and handsome and as a result, even more wealthy. Soon the gap between different classes of the society widens, leading to social instability.

Moreover, gene editing ignores the human rights of the babies, as when parents edit their genes, they cannot ask for the child's opinion.

Z: Thank you Mr. Chen. Doctor Wang, would you like to remark on that?

W: The use of the technology on human beings is indeed not safe enough yet. In the recent scandal, Hejiankui made the recipients immune to HIV through editing genes of fertilized eggs without the government's consent. But I believe that we can keep it in our clutches and harness its advantages by forming an effective and executable law system as well as strict implementing measures.

Z: Thank you all. As we approach the end of our panel today I would like to make a conclusion for both of our guests. We may have different views on the issue, but one thing is clear: Gene editing is certainly a technology that will reshape the way we think and redefine what makes a true human being. As we come to this ultimate question, we should be even more cautious on our way to search for the answer, for this is indeed the question that needs to be dealt with the most care. It truly shapes the very nature of nature. And this is the end of Let's talk today. Thank you for joining us.

2. 设计展示（部分）

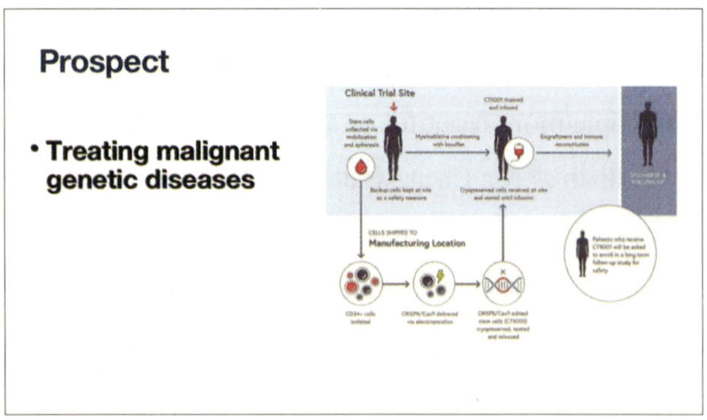

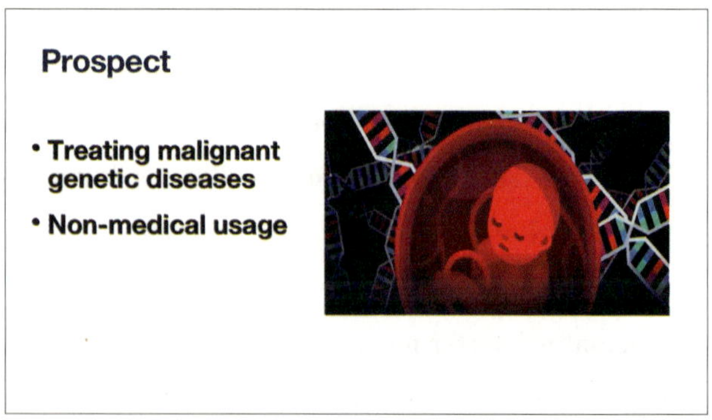

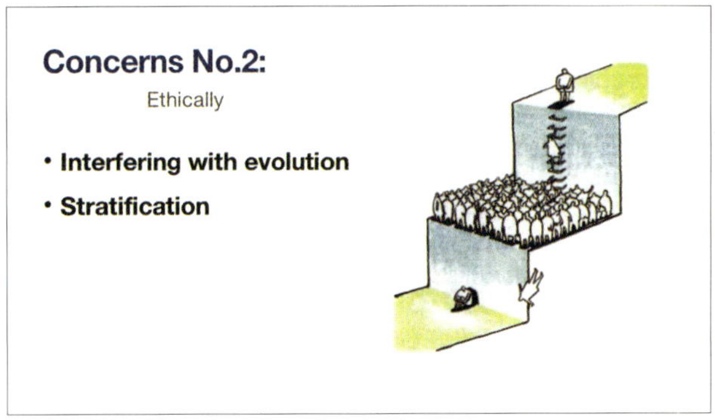

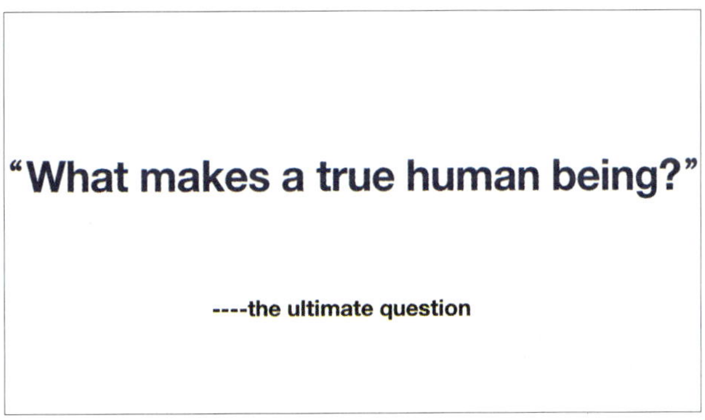

3. 点评

两位女性科学家埃马纽埃尔·沙尔庞捷（Emmanuelle Cahrpentier）和詹妮弗·杜德纳（Jennifer Doudna）在总结与细菌和病毒的斗争经验中，意外发现了 CRISPR-Cas9 基因编辑技术。与其他基因编辑技术相比，这一技术有着超高的基因编辑效率，因此，这两位女性科学家共享了 2020 年诺贝尔化学奖。目前，CRISPR-Cas9 基因编辑技术已经被广泛应用于医药、粮食、能源和环境等领域，但普通民众对这一技术尚不够了解。

在此背景下，借助幻灯片演示文件，王舜筠同学团队利用专题访谈的形式用通俗易懂的英语语言向大家介绍了 CRISPR-Cas9 基因编辑技术的工作原理，并与大家讨论这一技术在人类疾病上的应用前景等情况。这一科普故事让人们了解到 CRISPR-Cas9 这一基因编辑技术和人们的日常生活密切相关，从而在科学和人民大众之间构筑了一座科学普及的桥梁。总体来讲，该团队在讲述故事时，逻辑性强，合作好，氛围好，充满激情，引人入胜，符合新版英语科普理念。因此，王舜筠同学团队获得了2021年度上海市科普英语一等奖。

尽管王舜筠同学团队的英语科普故事还存在一些不足之处，例如：1）选题理由不够充分；2）由于CRISPR-Cas9基因编辑技术还不成熟，尚不能用于人类疾病领域，而故事中设置了大量时间对这一事实进行讨论；3）在介绍CRISPR-Cas9工作原理时，未涉及修复模板等核心技术内容。但总体而言，这仍不失为一个较为优秀的英语科普故事。

4. 活动反思

王舜筠　朱瑜玥　陈致远

"CRISPR基因编辑方法的全称是什么？"当评委抛出这个问题时，全场一片寂静。

当我们清晰完整地说出"Clustered Regularly Interspaced Short Palindromic Repeats（成簇的规律间隔的短回文重复序列）"时，一脸严肃的评委嘴角露出了欣慰的笑容。

这一刻，我们夺取了比赛的胜利！

这一刻，两个多月，60多天，1 400多个小时，我们团队的成果绚丽绽放！

"兴趣"引发"热情"

我们参加此次科普英语竞赛的选题是基因编辑。

2020年10月，诺贝尔基金会宣布：CRISPR基因编辑系统斩获本年度的诺贝尔化学奖。我们对基因编辑着迷，不仅因为它如同魔法棒一般，可以彻底治愈某些疾病，或者培育出更健康的新型食物，甚至能够复活某些已经灭绝的物种；还因为这两位获奖的女科学家——Emmanuelle Charpentier教授和Jennifer Doudna教授是我们的偶像。为此，我们在学校的科技B班特意选择了生物学方向。学校也专门邀请了复旦大学和中国科学院的专家为大家做了科普讲座。

科学研究，兴趣最可贵，科普英语也是这样。

只有选择自己真正感兴趣的主题，才能讲得透，讲得有趣，才能让更多人对相关科学知识产生共鸣，而这也正契合科普英语竞赛"讲科学故事，普及科学知识，引发科学思考，培育科学创新"的理念。

"协作"方能"行远"

如果说"兴趣"是引发我们关注基因编辑的源动力，那么"协作"便是将这个动力转化成实践的最佳路径。

科学技术的突破性进步从来不是依赖一两名科学家的"尤里卡时刻"，它靠的是群体智慧，靠的是团队协作。CRISPR基因编辑方法的命名，最初就来自一位名为Francisco Mojica的年轻人，他当时在研究地中海小城圣波拉海滩上发现的一种古细菌。与Emmanuelle Charpentier教授和Jennifer Doudna教授同时进行CRISPR基因编辑方法相关研究的，还有美国哈佛大学和麻省理工学院的张锋教授，以及立陶宛一名叫Virginijus Siksnys的科学家。

我们在科普英语竞赛的准备过程中，也充分发扬了团结协作的精神。

开始设计演讲比赛形式时，我们选择了"访谈"这一impressive的形式。在准备初稿的过程中，我们各司其职，观看了TED相关视频，通过Nature视频CRISPR—*Gene Editing And Beyond*了解了CRISPR

进行基因编辑的主要过程。我们在晚上通过腾讯会议沟通、交流，在一周内写了将近两千词的稿件，后又反复修改。其中最大的问题在于组委规定的时间从之前的七分钟缩短到了五分钟。于是我们分头行动，合力将演讲稿删到 1 000 字以内。

排练的过程中，我们利用空余一遍一遍地磨合，不仅注意各自的语言和手势，还注意相互之间眼神的衔接，力求完美。

“借力”促进“更好”

我们不仅团队成员之间分工有序、各司其职，还巧妙地借助学校老师、校外专家、科普网站，甚至其他同学及爸爸妈妈们这些外部力量，让他们成为我们的“智囊团”。

在决赛答辩的准备过程中，我们对评委到底会用什么样的问题来“挑战”感到十分好奇。在一次又一次地探究讨论中，发现此前我们的研究偏重人类和动物，对转基因植物和微生物研究存在不足。而就在决赛前一天晚上，团队中一位成员在观看 CRISPR 相关视频的时候，忽然意识到我们竟连 CRISPR 的全称都不知道，连忙将这一“发现”通知所有人，从而弥补了遗漏的关键信息。

通过这次科普英语竞赛活动，我们不仅收获了奖项和成绩，还收获了信息筛选和消化整合的能力，收获了宝贵的演讲经验。在这个过程中，同学和老师的热心帮助，也让我们深刻地体会到“协作行远”的力量和“众人拾柴火焰高”的真谛。

“春满江山绿满园，桃李争春露笑颜。东西南北春常在，唯有师恩留心间。”最后，请允许我们衷心感谢一路支持陪伴我们的各位老师、各位专家、各位同学和家长们。

谢谢你们！

（二）灵长类动物克隆
Cloning Primates

上海市实验学校　曹　赞
指导老师　徐嫣莉

1. 我的科学故事

Cloning Primates

Hello everyone.

Today I'm going to talk about cloning primates. Cloning is an advanced and fascinating technology that can be applied in many fields. In addition, it was Chinese scientists who first successfully cloned primates. I'm so proud because it shows our country's outstanding achievement in the field of biomedical sciences. So today I will introduce three aspects about cloning primates: what effort the Chinese scientists made, how the cloning process looks like, and why this technology is beneficial to humanity.

On January 24, 2017, the entire world was shocked when the Chinese Academy of Sciences announced that they had successfully cloned two monkeys. It is the first time that monkeys, technically non-human primates, have been cloned. The cloned monkeys, named Zhong Zhong and Hua Hua, are treated as treasures, but what is cloning, and what is so special about the monkeys? Let me tell you more about this cutting-edge technology.

Cloning allows scientists to give birth to living things which are exact genetic copies of the original one. You may have heard of Dolly the sheep. It was born in 1996, the first cloned animal. Since Dolly, loads of cloned animals, including horses, cats, and even rats, were produced by the same method. However, what became an obstacle for scientists around the world was cloning primates such as monkeys and chimpanzees. Although the problem remained unsolved for two decades, Chinese scientists didn't give up; they were determined to clone primates which would be a breakthrough.

At first, researchers tried the same method as Dolly the sheep, but they couldn't overcome many technical problems at that time. Later, our experts insisted on studying and perfecting this technology of somatic cell nuclear transfer. It starts with removing the nucleus of a cell from the skin, like separating someone from a group. Next, the nucleus is transferred into another animal's egg, where the original DNA-carrying nucleus has been removed. This cell is then treated with enzymes that can let it return to an early embryonic state, like a newly fertilized egg. This step is the major difficulty for scientists because of its low success rate, but they tried several different methods before one worked out. The egg is eventually inserted into a surrogate mother to be developed into a cloned monkey. So far, the Chinese success marks that the technical barrier for cloning primates has been broken.

Finally, I would like to discuss what benefits this technology would bring to humanity. Even though monkeys have been cloned, the ultimate purpose is human medicine. Since monkeys are highly similar to humans in genes, cloning them can contribute to the study of brain diseases. When we use monkeys instead of other animals, the result will be more applicable to humans. Another advantage is that with cloned animals, we can greatly reduce the number of animals needed in an experiment. Non-cloned monkeys have genetic differences, so they will bring more variability into an experiment. This means to test a medicine, scientists have to capture more monkeys; they need a large quantity to eliminate errors like genetic differences. However, with cloned monkeys, only a few of them will be needed because they are genetically the same. Cloned monkeys will make the process more efficient and the result more reliable.

In conclusion, cloning primates is a remarkable step in biomedical research taken by Chinese scientists, a technology with a complicated process, and a promising research direction for the benefit of humanity.

Thank you.

2. 设计展示（部分）

Cloned monkeys: Zhong Zhong and Hua Hua
Identity Card
Name
Zhong Zhong
Hua Hua
The day born
Jan.24th 2017
The place born
Chinese Academy of Sciences
Chinese scientists first successfully cloned non-human primates.

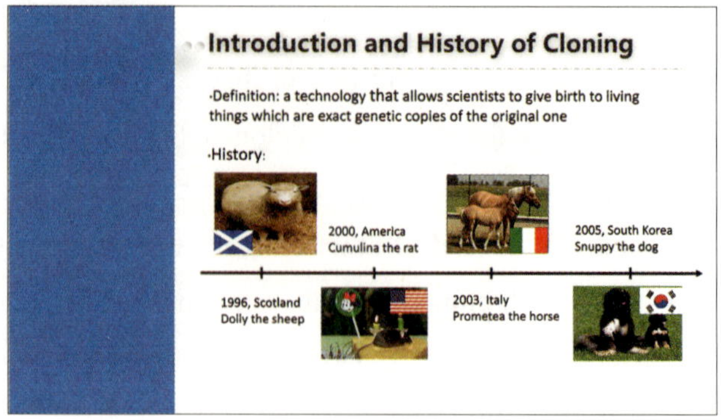

Introduction and History of Cloning
·Definition: a technology that allows scientists to give birth to living things which are exact genetic copies of the original one
·History:
1996, Scotland
Dolly the sheep
2000, America
Cumulina the rat
2003, Italy
Prometea the horse
2005, South Korea
Snuppy the dog

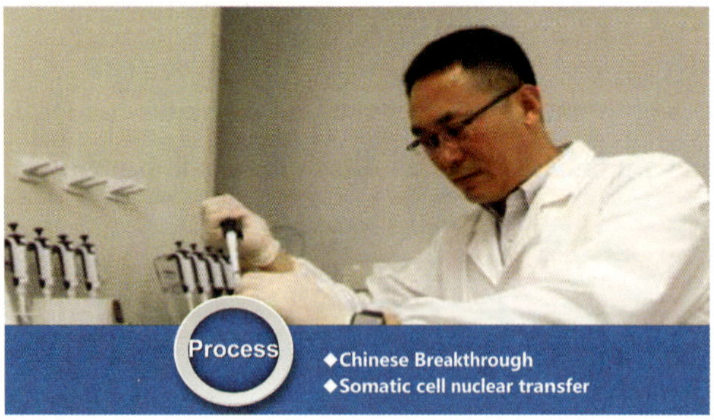

Process
◆Chinese Breakthrough
◆Somatic cell nuclear transfer

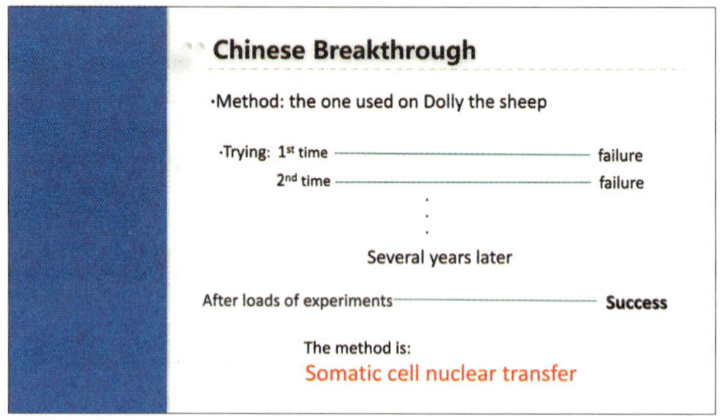

Chinese Breakthrough
·Method: the one used on Dolly the sheep
·Trying: 1st time failure
2nd time failure
Several years later
After loads of experiments Success
The method is:
Somatic cell nuclear transfer

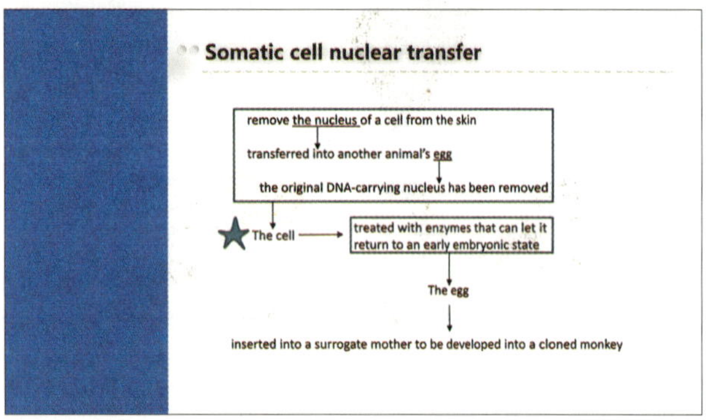

Somatic cell nuclear transfer
remove the nucleus of a cell from the skin
transferred into another animal's egg
the original DNA-carrying nucleus has been removed
The cell
treated with enzymes that can let it return to an early embryonic state
The egg
inserted into a surrogate mother to be developed into a cloned monkey

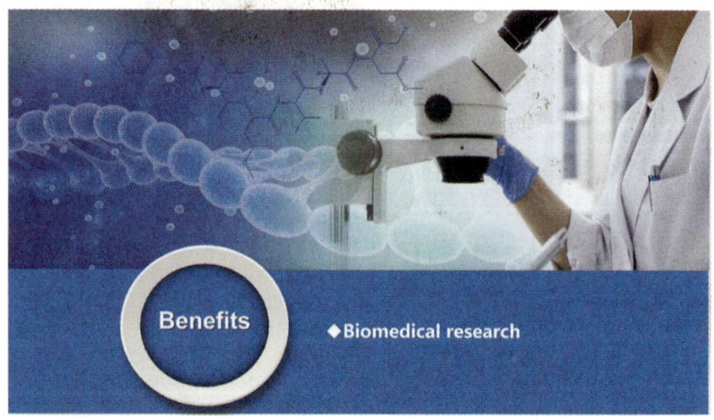

Benefits
◆Biomedical research

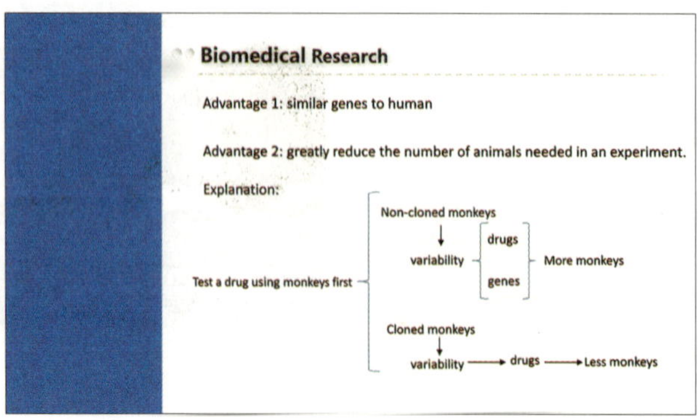

Biomedical Research
Advantage 1: similar genes to human
Advantage 2: greatly reduce the number of animals needed in an experiment.
Explanation:
Test a drug using monkeys first
Non-cloned monkeys
variability
drugs
genes
More monkeys
Cloned monkeys
variability
drugs
Less monkeys

3. 点评

体细胞克隆猴这项工作是整个非人灵长类神经科学研究宏大计划的一部分。众所周知，作为动物模型，体细胞克隆猴在药物筛选中扮演着极其重要的角色。但由于这一技术操作难度极大，所以一直被认为是动物克隆领域内的喜马拉雅山之峰。2017 年，上海神经所孙强研究员团队终于攻下了这一山峰，震惊世界。目前，这一技术已经被应用到人类疾病的药物筛选上，然而，人们对这一技术尚不够了解。

在此背景下，借助幻灯片演示文件，曹赞同学用通俗易懂的英语语言向大家介绍了猴子克隆的研究历史、操作流程和药物应用等情况。特别是，该同学用通俗生动的语言讲述了新药物筛选应用的例子，让人们了解到开展这一课题的重要性和紧迫性，从而在科学和人民大众之间构筑了一座科学普及的桥梁。总体来讲，该同学讲述故事时，逻辑性强，充满激情，引人入胜，符合新版英语科普理念。因此，曹赞同学获得了 2021 年度上海市科普英语一等奖。

尽管曹赞同学的英语科普故事还存一些不足之处，例如，在讲述灵长类猴子克隆操作流程时，缺少工作原理，特别是缺少如何攻克技术难关等方面的介绍，但它仍不失为一个较为优秀的英语科普故事。

4. 活动反思

曹　赞

历经了 4 个月的上海市青少年科学思创挑战活动于上个月落下了帷幕。作为一个刚步入初中的新生，能在市级跨年级比赛中披荆斩棘，我兴奋不已。这沉甸甸的一等奖不仅是对我这四个月努力备战的肯定，更是对我长期坚持多维度英语学习的嘉奖。

四月初我了解到了这个比赛，但是前沿的科学话题令我有些力不从心，再者，由于我当时要备战另一个比赛，觉得分身乏术，因此最初并没有主动报名，差点与其擦肩而过。或许我的英语老师比我更了解我自己，在她的鼓励之下，我报名参加了这次比赛。这四个月她陪我一起学习、探索的经历比起获奖本身要珍贵得多。

在演讲主题上，我出于爱好选了生命科学中的灵长类动物克隆。虽然我对灵长类动物克隆有过一些了解，但整合一篇科学性的英语演讲报告，不但要攻克专业术语，还要学习克隆知识。英语能力与跨学科的素养水平缺一不可。我搜索了大量国际权威期刊和科学网站学习克隆知识，妈妈替我打印各种克隆的论文和新闻，我还观看了一些克隆话题的视频，其中中国科学院神经所的孙强研究员的演讲对我深刻理解专业知识起到了很大帮助。差不多一个月的时间，我把灵长类动物克隆的历史背景、克隆原理、科研成果等消化完成，然后才开始撰写我的讲稿。两晚后，初稿形成。

我对我的初稿很满意，毕竟是我自学一个领域后的成果，自我感觉初稿洋洋洒洒，文采飞扬。但当我把初稿呈现给英语老师后，她给我最中肯的建议就是科学性文章的文字的精准性要大于文采性。于是，英语老师和我一起学习克隆知识，再指导我修改讲稿。

第一轮是校级海选，由于我较强的英语能力和较丰富的演讲经验，我轻松通过了激烈的选拔。区级选拔中，我第一次独立制作 PPT，在讲稿的基础上，我把内容有逻辑地整合在一个框架中。我还学习了演讲技能，包括肢体动作、表情管理和语音语调控制等。最困难的要数录演讲视频，没有互动的机械录制让我的自信消失了，表情僵硬了，肢体不自然了……连续两个晚上才完成录制。我的英语老师一直在学校陪同我，鼓励我，给我意见。看到老师都那么努力，我也不能懈怠。

期末考试前我知道自己进了决赛，需要现场演讲和答辩，这对于一个现场型选手来说无疑是个好消息。放暑假前的最后一个下午，英语老师让我试讲了几次，确认我有好的状态。我们又一起探讨了答辩问题。由于前期在《国家地理》和学术周刊《细胞》上查阅了大量资料，我有了基础知识做铺垫。我们在主观问题上各抒己见，又整合了科学网站上专家的看法，完善了思路。这种学习过程和探索精神，即使怕不是为了比赛，对个人综合能力的提升也是大有好处的，不仅拓宽了我的知识面，还使我学会了甄别资料的有效性和价值性等。

决赛的候场室里，我还在默默地试讲着，时不时掏出手机查疑补缺。轮到我了，配合着流畅的肢体动作，我自信而流利地讲完了。答辩问题虽然不在我事先准备范畴，但是凭借我对克隆知识的掌握，即便现场组织语句回答也没能难倒我。从评委的耳语中我听到了赞扬和肯定，心中一块石头落地了，紧张的备战状态终于可以释放。赛后十天公布了比赛成绩。我知道这个“一等奖”不是我个人的，而是我和英语老师共同努力的见证。

青少年科学思创挑战活动让我在专业的科学领域内过了一把英语瘾。与其说是一场英语比赛，不如说是一场知识探究。学习的过程加强了课堂与真实世界的联动，通过对项目化学习的实践，提高了我的科学素养和思辨能力。

基于对学科英语的热爱，我想我每年都会参加这个活动。我理想中的科普英语竞赛的主题选择可以更具多样性和创造性。比赛形式可以更多样，比如科学百科知识竞赛、畅想未来科技主题的辩论赛以及科学主题项目的演讲和答辩等。多层级、多维度、多形式的活动形式，一定会吸引越来越多英语界的科学大咖和科学界的英语牛人参与其中。

（三）病毒疫苗

What do You Know about Virus Vaccines?

崇实中学 杨靖萱

指导老师 张 贤

1. 我的科学故事

What do You Know about Virus Vaccines?

Hi, I'm Vaccine. I'm a biological preparation, I am closely related to human health.

In 1796, the scientist Edward Jenner injected material from a cow pox virus into an 8 year old boy. He succeeded. The boy was inoculated against the disease. So I was born. And I got my own name, Vaccine. But do you really know me? How do I function? Don't worry. Let me uncover the mystery.

To understand how I work, you need to know how the immune system defends you against contagious diseases. When foreign microbes invade you, the immune system triggers a series of responses quickly. Such as coughing, sneezing, and fever. This is all to get rid of the threatening things, like bacteria. They also trigger the second line of defense, called adaptive immunity. Then, two strong soldiers appeared, B cells and T cells. They defeat the common enemy hand in hand. They have super memories. They record information about the enemy, creating a memory of what they look like. When the same pathogen invades the body again, they can fight them easily. But if you are too weak or young to fight back, it might face very serious risk if the pathogen is particularly severe. So you should prepare the body's immune response. This is where I come in. Scientists use me to trigger the body's adaptive immune system.

I have two good brothers. One is live attenuated vaccine. It is made of the pathogen itself but a much weaker and tamer version. The other one is inactive vaccine, in which the pathogens have been killed. These two brothers ensure that pathogens don't develop into the full blown disease. They trigger an immune response. But the first brother had a great temper, and because he's live and quite powerful. people with weaker immune systems can't have him, while the second one can't create long-lasting immunity. There are many other members in my family. Each member is unique and has a different mission. When humans vaccinate us, the body produces protective antibodies.

It is known to all, our country is currently fighting an all-out people's war against the novel coronavirus pneumonia outbreak. The virus is unprecedented, so are the measures our country has taken. My presence bring hope to people in China and to people all over the world. Of course, I have been questioned. People think I'm unreliable and unsafe. They're afraid of me and stay away from me.

But, time is the best touchstone. The fact proved that I had a 79.34% effectiveness in preventing the disease. I had helped mankind seize the initiative in the fight against disease. More and more people began to trust me and accept me. So far, over 1.3 billion people in China have inoculated the

COVID-19 vaccine, including more than 35 million people in Shanghai. The epidemic has been well controlled. I'm proud of it.

In fact, scientists never stopped studying me. They are now building a whole new range of vaccines called DNA vaccines. If we can do that, mankind can fight more diseases. And my family is going to get bigger.

Of course, I also have many shortcomings and deficiencies. I will continue to improve myself.

I am proud to be a soldier, I will continue to fight for human health.

2. 设计展示（部分）

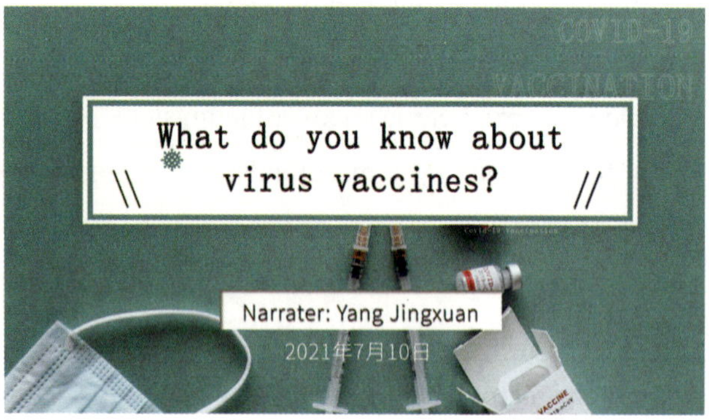

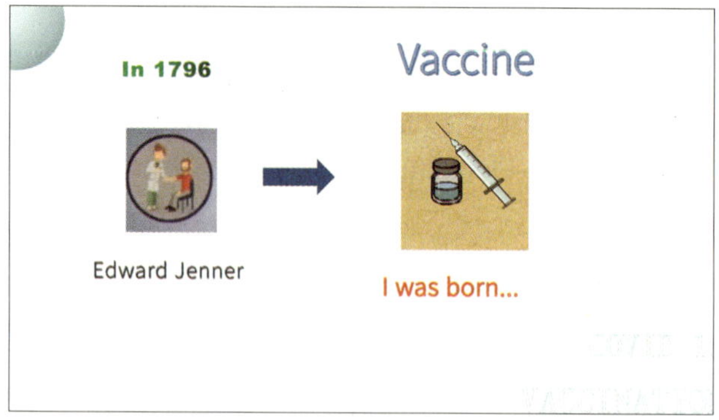

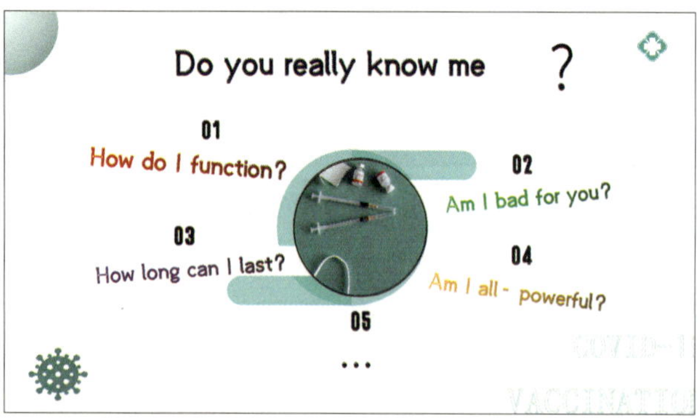

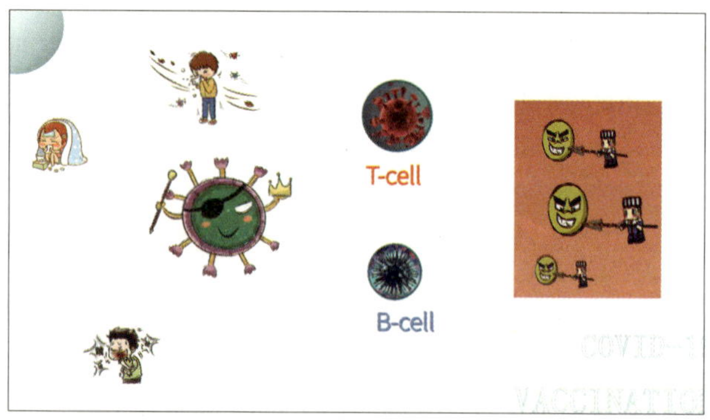

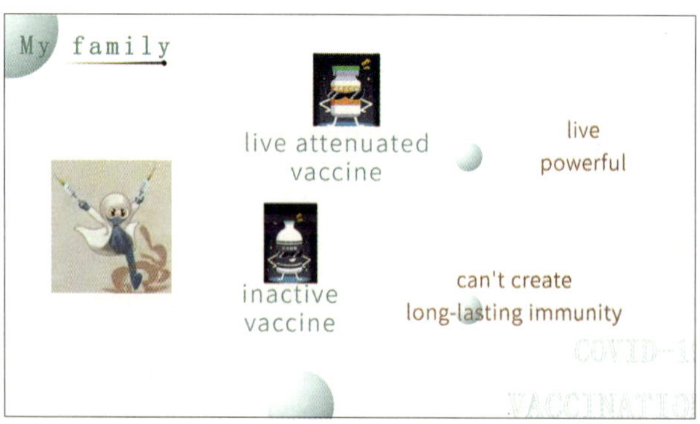

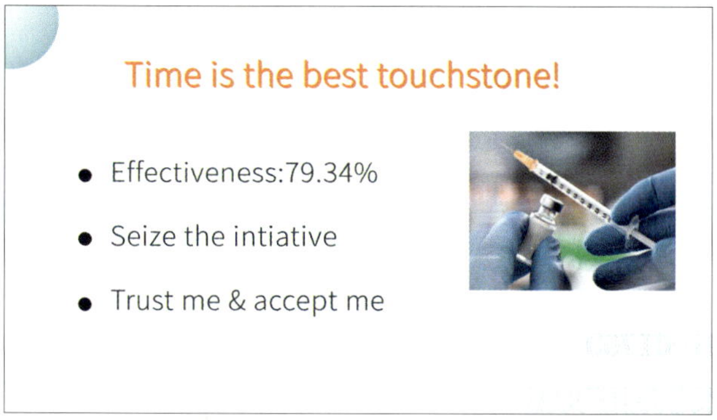

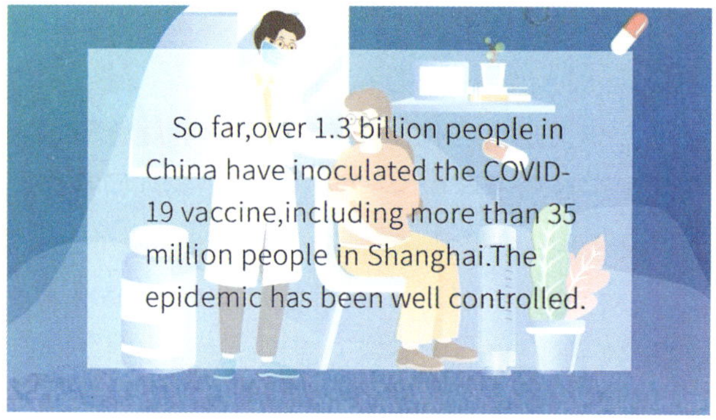

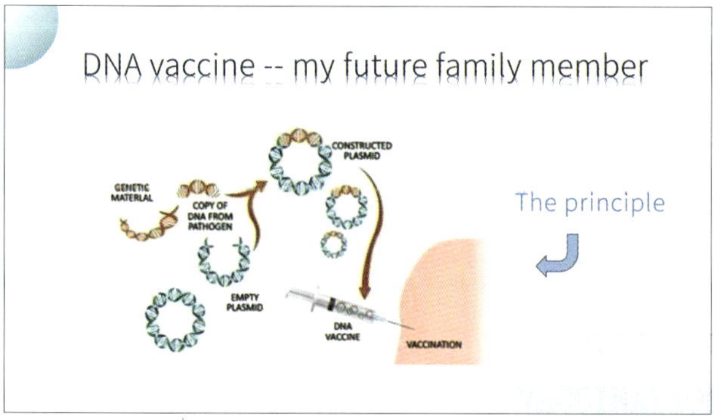

3. 点评

新冠病毒在全球流行将近两年了，全方位地冲击着人们的生活。注射病毒疫苗被视为是阻止病毒传播的重要手段之一。然而，由于缺乏对病毒疫苗及其生产和工作原理的了解，有些人对注射病毒病苗有畏惧心理。因此，有必要在全球范围内对病毒疫苗进行科普，帮助人们更加了解病毒疫苗，特别是它的生产和工作原理。

在此背景下，借助幻灯片演示文件，杨靖萱同学化身病毒疫苗，用通俗易懂的英语语言向大家介绍了病毒疫苗，包括它的种类、生产原理以及接种情况等。这一科普故事让人们认识到病毒疫苗与人们的日常生活密切相关，从而在科学和人民大众之间构筑了一座科学普及的桥梁。总体来讲，该同学讲述故事时，逻辑性强，充满激情，引人入胜，符合新版英语科普理念。因此，杨靖萱同学获得了 2021 年度上海市科普英语一等奖。

尽管杨靖萱同学的英语科普故事还存一些不足之处，例如：1）选题理由不够充分；2）缺乏对病毒疫苗杀灭入侵病毒的工作原理的介绍。但总的来说，它仍不失为一个较为优秀的英语科普故事。

4. 活动反思

杨靖萱

履及天涯路杳渺，方得云霄万里高。

每一次比赛，每一份努力，绝不只为一张奖状，更为一场心灵的修行。

起初，我抱着试试看的心态报名，除了想锻炼自己，也想丰富一下初中生活。我选择了时下最热门的课题——病毒疫苗。由于选材的重复率较高，我便在稿子上花了一番功夫。我查阅文献，从疫苗的起源到其原理、应用、优劣、前景等方面，逐一了解内化，并对其进行了梳理、提炼和归纳。在妈妈的建议下，我又把自己化作“疫苗”，以幽默诙谐的口吻，讲述“自己的”出生、家族、贡献、发展……这为我的演讲稿添了不少生气和趣味。我顺利通过了初赛。

复赛时，或许是初生牛犊不怕虎，我并不怯场，而敢于直视评委老师的眼睛、大胆阐述自己的观点，轻松应答。期间，妈妈的鼓励和支持让我提升了信心。赛后，我总结思考，发现了不足：单是我所在的考场便有半数以上的人选择了该题材，我该如何在这些人中崭露头角呢?

我决定把精力放在演讲和答辩水平的提升上。对于演讲，内容是重中之重。于是我结合当下疫情和数据对文章进行补充和完善，对PPT加以修改和润色。在视频选拔中，一次无意识的找镜头让我意识到台风也至关重要，我便更加注意这些细节。还要面对的是最不可定的因素，也是这次比赛中的一大难题——现场答辩。这更考验我们的知识储备、英语水平和现场应变能力。我继续深挖，结合时政和课题，多方面、多角度进行总结；预设各种问题，并各个击破。

决赛前夕，炎热的七月。伴着窗外蝉鸣，我常一手拿着词典，一手握着笔，在演讲稿上圈抹涂改。从疫苗起源及其前景到原理及其应用，一步步，都是足迹；一页页，都是见证。晦涩的专业术语，我通过查询字典获得理解并通过易懂的语言进行表述；又多又散的知识面，我将其串联起来，形成一段逻辑分明的应答。那段时间，生活物品，成了我的演讲道具；挂饰海报，也是PPT排版的灵感来源。一个个夜阑人静的夜晚，一盏孤灯的照映下，一场场微型答辩如期举行着……

时间如一位风尘仆仆的赶路人，在一份份稿子中匆匆流逝。比赛那天，我一遍遍地整理自己的服装、发型，一遍遍地模拟演讲。“有请下一位。”我努力使自己平静，深吸一口气，走进教室。上台的那一刻，所有的紧张都瞬时减淡，这方小小的讲台便是我的天地。虽有些许口误，但我仍保持镇静，从容应对，最终在两位评委的笑容中顺利完成了演讲和答辩。

或许是因为紧张，比赛当天的一切都如弹指一瞬。尽管最终的提问并不在我的预设之中，我的表现也没有预期那么完美，但正是那天，我克服了自己的短板，也终获成长。回首历时两个多月的科普英语竞赛准备过程，从最初的浅尝辄止到后来的一丝不苟，我收获的不仅是专业的科学知识，更是在面对挑战时克服困难、坚持不懈、有始有终的品格。与此同时，在科创与英语表达的结合中，我学到了提取、分类知识的方法，也拓宽了知识面，感受到了用英语传播科学知识的意义，更在演讲的过程中锻炼了思考总结能力、临场应变能力和公告演讲能力，提升了自信心。

今年的科普英语竞赛相较往年不仅仅局限于笔试，还通过演讲锻炼了我们提取信息、撰文写稿、语言表达、临场应答等综合能力，较于科普知识的接收能力，也更注重对知识获取的表达和反馈。在参赛过程中，我不仅在科学素养、国际视野和思辨能力等方面得到了很大提升，也在每一次的交流和学习中拓宽了眼界。

岂能尽如人意，但求不愧于心。在这两个多月的征途中，虽不是十全十美，但通过努力后收获的这份惊喜让我感受到了自己意想不到的潜力，也使我坚信一分耕耘一分收获。在生命的旅途中，我们应保持耐心、不断钻研，充实每一天的生活，不枉费每一刻时光，谱写出一曲朝气蓬勃的夏日赞歌！

二、物质科学

（四）核磁共振
A Tour in the Magic MRI World

华东师范大学附属进华中学　王俞樾　陈韵瑶　姜　晨①
指导老师　金　昊　夏晓荔　杨　凡

1. 我的科学故事

The Wonderland of MRI

Hi, everyone. Welcome to the Youth Science Program. I'm the hostess Jiang Chen. Are you fascinated by these amazing fruit photos? Do you know they are images created by an MRI scanner? You may wonder what is MRI? Actually, it means magnetic resonance imaging. An MRI scanner can be used in hospitals to produce clear and non-invasive images of our body. See the pictures here. And these images provide information to doctors and can be useful in diagnosing a variety of diseases. In fact, MRI has saved countless lives with its ability to find tumors and other abnormal conditions. However, it's a pity that a lot of patients are scared off simply by the word nuclear and hesitate to take MRI. Yunyao and yuyue are our guests today. They made a scientific exploration into MRI in order to clear up the doubt among the public. Let's welcome them.

J: Yunyao, Does MRI involve any harmful nuclear radiation?

C: Of course not. The truth is nuclei in Nuclear magnetic resonance are from hydrogen atoms. They are widely found in oil and water.

W: Yeah. Actually about 70% of our body is made up of water which includes mainly hydrogen atoms and oxygen atoms. So nuclei in NMR is totally harmless to our health.

J: That's great. But how do nuclei produce magnetic resonance?

C: That's very complicated. Let me put it simple. See the picture here. Usually, some hydrogen nuclei spin in a random direction. However, when a strong magnetic field is applied, they line up dependent on magnetic field. They spin either in parallel with or against the main magnetic field. Once they line up, if we add a certain radio frequency, they will resonate with it and absorb the energy.

W: Right. The whole process is similar to the resonance produced by soldiers when they line up to cross the bridge.

C: When the stimulation from radio frequency is removed, these nuclei will gradually relax back into their original state and release excessive energy in terms of radio wave. The intensity and frequency of these released waves can be detected.

J: Wow, that sounds cool. But how does an MRI scanner work?

W: Let's first look at the key components of an MRI scanner. It includes three parts, namely the

① 本案例中，王俞樾简称 W，陈韵瑶简称 C，姜晨简称 J。

static magnet, the gradient coils and the radio frequency coil. The static magnet provides a strong external magnetic field. In this field, the magnetic strength is equally spaced.

C: Different from static magnet, gradient coils are used to find different spatial locations in the image. When the gradient field work in combination with the radio frequency pulses, they help us know where a radio signal comes from.

J: That sounds a little complicated. Could you give us an example?

W: Yeah, we will show you an experiment we did with MRI. We put an orange in the center of an MRI scanner. A few minutes later, we saw an image of the orange on the computer screen. See the dark dots in the slide. They are the seeds of the orange. You see we can find the exact location of the seeds without peeling the orange.

C: Interesting, right? In fact, different body tissues give out different signal strengths, thus producing the shade contrast in the image. For the same reason, tumor cells in the human body show different colors and images from the normal cells in MRI scanner because of the different proportion of water. Therefore, MRI can be used to diagnose medical issues.

J: Apart from medical diagnosis, NMR is also widely used in other fields such as organic chemistry, molecular biology and petroleum industry.

J: Thank you Yuyue and Yunyao. It's time to say goodbye with our audience. Are you impressed by the wonder of MRI? Are you curious about its future? Stay tuned and find more with us in the next program.

2. 设计展示（部分）

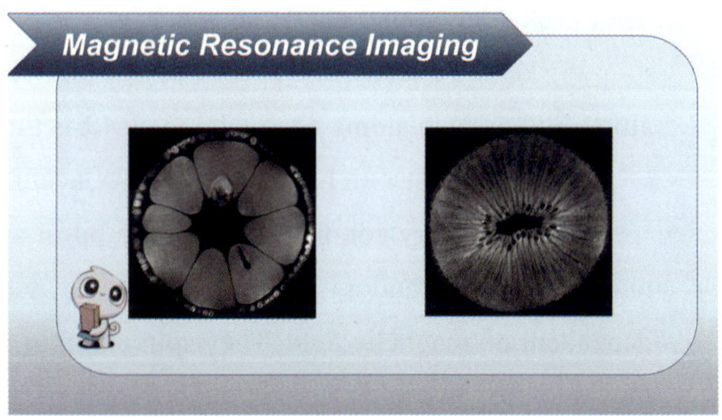

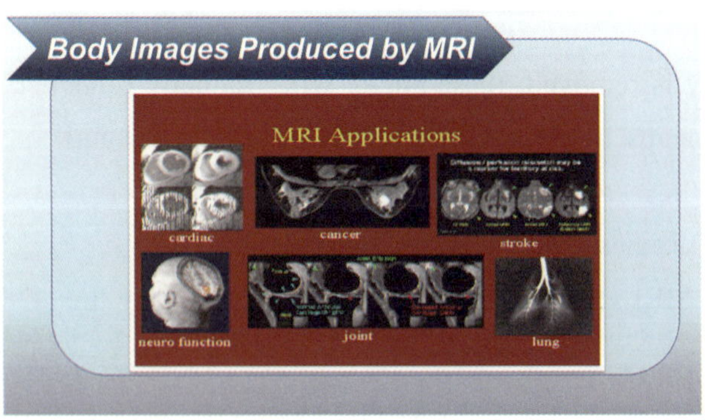

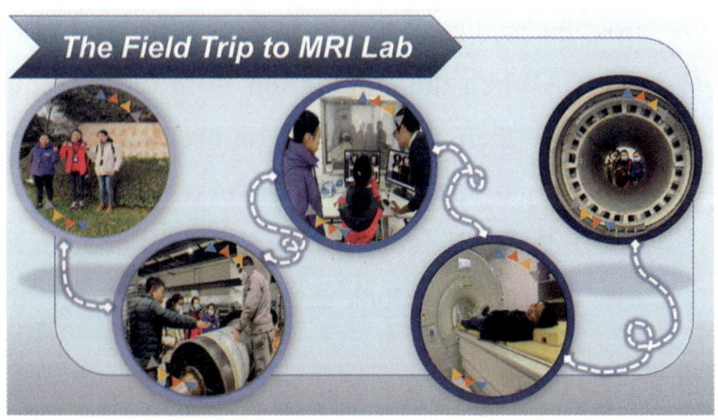

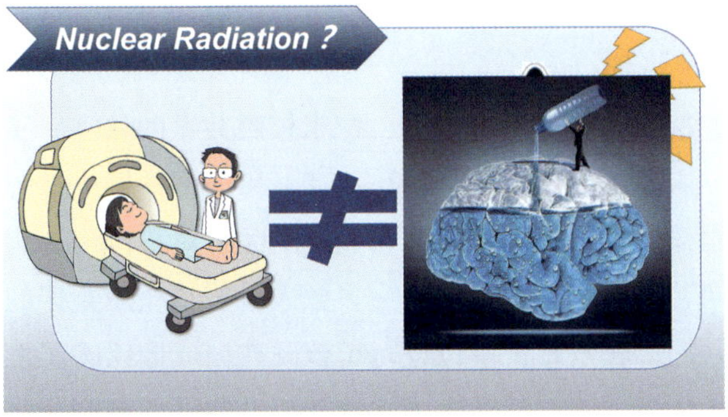
Nuclear Radiation ?
≠

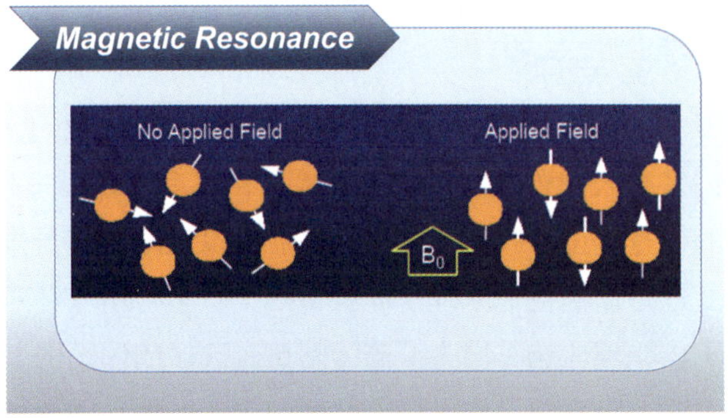
Magnetic Resonance
No Applied Field
Applied Field
B_0

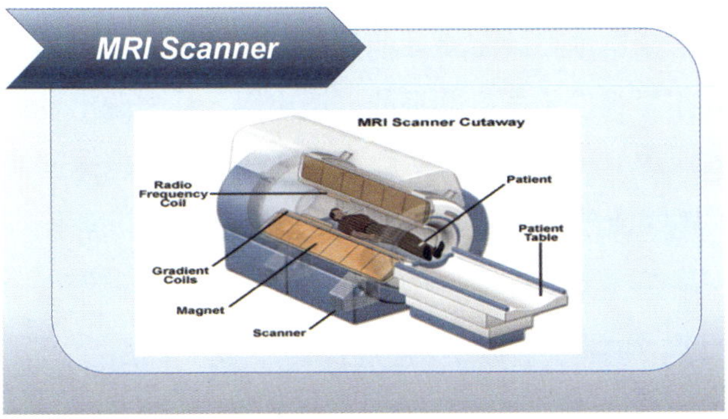
MRI Scanner
MRI Scanner Cutaway
Radio Frequency Coil
Patient
Patient Table
Gradient Coils
Magnet
Scanner

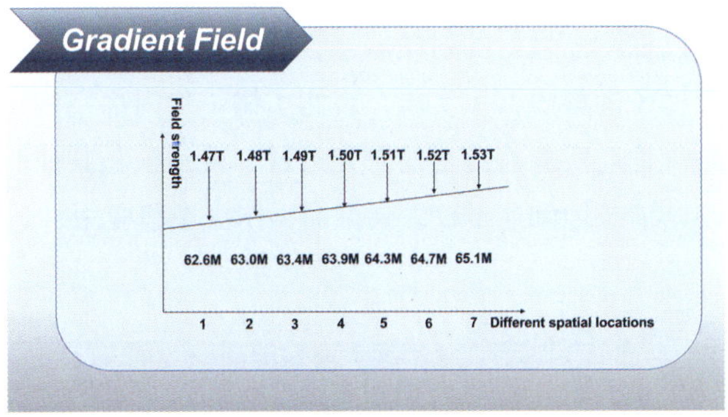
Gradient Field
Field strength
1.47T 1.48T 1.49T 1.50T 1.51T 1.52T 1.53T
62.6M 63.0M 63.4M 63.9M 64.3M 64.7M 65.1M
1 2 3 4 5 6 7 Different spatial locations

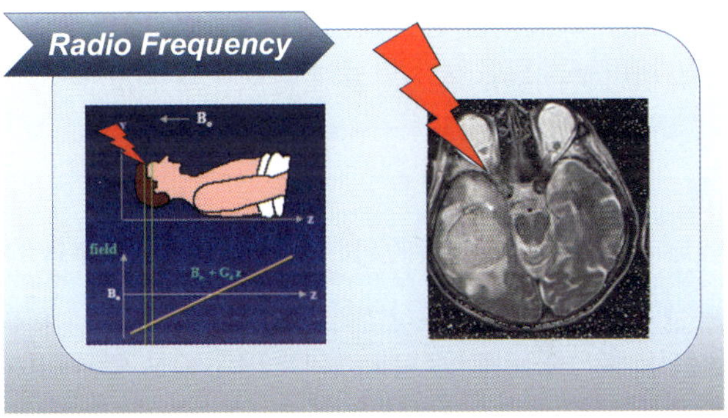
Radio Frequency
field

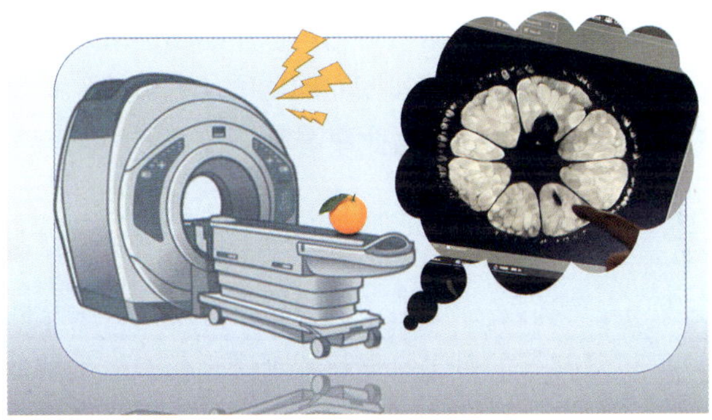

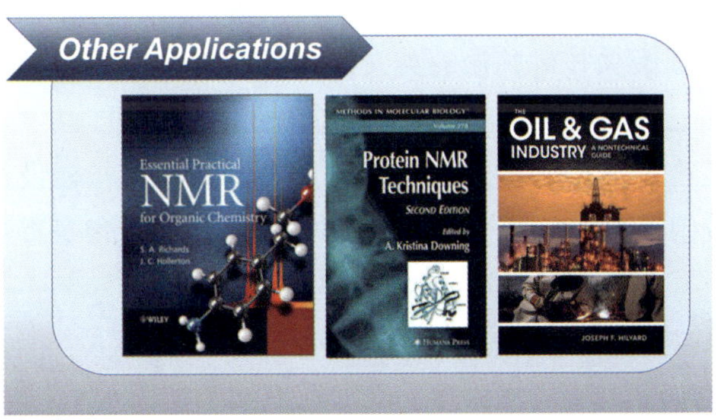
Other Applications
Essential Practical NMR for Organic Chemistry
Protein NMR Techniques
Second Edition
A. Kristina Downing
OIL & GAS INDUSTRY

3. 点评

“神秘的核磁共振之旅”科普英语探究以我们熟知的核磁共振检查为主题，探索核磁共振的秘密。我们多数人都曾到医院就医和检查，很多人经历过超声、X 射线成像（或 X 射线 CT）和核磁共振成像等的检查，虽然我们知道这些仪器可以观测我们身体的内部病变，但是否知道它们帮助医生对身体内的病变进行诊断呢的原理？那就未必了。参赛团队针对该问题进行了深入探究，为多数人科普了核磁共振的工作原理。选手们为了搞清楚核磁共振成像仪的工作原理，联系相关单位进行了核磁共振成像仪的实地考察，听专家讲解了核磁共振的工作原理，并观察了操作演示，对其产生了感性认识。此外，参赛团队还探索了核磁共振工作的物理机制，从无磁场干扰下氢核的自旋状态、在外加趋向磁场后自旋状态的变化，以及氢核与射频信号的相互作用等方面，探究了氢核对射频信号的吸收和发射现象，并采用接收其可以探测器发射的射频信号，从而探测氢核的密度，氢核的密度反映了身体的病变。最后团队还做了一个橘子的核磁共振实验，观测了橘子的内部结构，并开拓思维设想核磁共振的广泛应用。从选题出发点到理论与实验相结合的探究过程，再到核磁共振的拓展应用分析，参赛团队较为全面地完成了该探究活动，清楚地阐述了核磁共振的工作机理和应用，是一个比较优秀的案例。

4. 活动反思

王俞樾　陈韵瑶　姜　晨

2021 年上海市青少年科学思创挑战活动让我们“核磁共振的秘密”团队获益匪浅。经过老师们的悉心指导，我们逐步理解了科普英语的特点，不断打磨语言使其通俗易懂，并使用有趣的素材解释科学知识；感受到了研究报告撰写的科学性和规范化；在探寻问题和解决问题时，我们大胆提问、各抒己见，初步掌握了自主学习和探究问题的研究方式，提升了分析和思考问题的能力。我们将从比赛的准备、过程和收获三个方面总结此次参赛历程。

一、准备

2021 年 4 月，我们开始了比赛的准备工作。在与指导老师、科学专家和家长们一起探究科学原理的过程中，我们各抒己见、大胆提问，拓展了探究科学问题的思路，从而深化了对科学概念的认知。

核磁共振的概念原理晦涩难懂，初中生理解起来有些困难。如何把这些概念和原理用通俗易懂的语言表达出来，同时又不失科学的严谨性？这是我们在准备期间遇到的最大难题。

作为一项世界顶尖的前沿技术，核磁共振技术一直是全球科学家关注的热点，先后有六位从事核磁共振研究的学者获得诺贝尔奖。但是正因为其前沿性，核磁共振涉及很多深奥的科学原理，需要理解透彻。我们先在网络上观看了有关核磁共振的英文科普视频，然后阅读专家推荐的有关核磁共振的论文。我们一边阅读，一边讨论提问，逐个梳理关键概念（比如核、磁、共振）。与此同时，我们还实地考察了核磁共振设备制造实验室。工程师叔叔们给我们详细地介绍了核磁设备的制造过程以及每个部分的工作原理。幸运的是，我们还亲自做了水果的核磁共振成像实验，切身感受到核磁共振技术的先进和奇妙。

在准备期间，特别要感谢师长们给予的帮助：

1. 指导老师：考虑科普英语读者（初中生）的知识框架和英语水平，帮我们把关言语表达的难度系数。

2. 科学专家：用生动形象的语言更直观地阐释某些难懂的概念和原理，推荐面向青少年的介绍核磁共振的科普读物。

3. 家长：查找国外科学课程和教材的设计，提供教材或者课程视频参照学习。

二、过程

第一阶段，查阅有关核磁共振原理及核磁共振设备的材料，团队成员集中讨论，以问答形式梳理磁共振的基本概念和工作原理，并制定初步的研究计划。

第二阶段，实地考察，根据研究计划分工撰写研究报告；提交研究报告初稿；起草英文演讲稿；向科学专家咨询，讨论初稿的不足之处并明确改善方案；反复打磨修改稿件，准备英语科普故事、英文演讲稿和 PPT。

第三阶段，观摩英语演讲视频、彩排演练，在班级、学校试讲，听取老师同学的反馈并加以修改。考虑到科普英语的趣味性和团队的整体性，最终将演讲形式调整为脱口秀方式。

三、收获和期待

通过参加科普英语的比赛，我们学会了检索英文学术资料、开展实地科学考察等基本的研究方法。通过层层推进式的探讨交流，成员们不仅对核磁共振的物理原理、科学知识有了系统的学习，而且在科学理解能力、语言表达能力、团队合作能力等方面都有了很大的提升。此外，我们团队还亲身体会到了认真严谨、乐此不疲的科学探究精神，这种精神将激励我们在以后的学习生活中不畏困难、勇往直前。

我们心目中的科普英语活动家，除了具备科学的探究精神之外，还应该能够运用通俗易懂的语言向大众展示晦涩难懂的前沿科学理念。优秀的科普英语作品，应既有科学的严谨性又不失科普的趣味性，做到科普术语简单易懂。考虑到科普的受众是初中生，最好能将科学内容利用视觉辅助物（比如图片、视频）或者通过类比等方式有趣地呈现。期待以后的科普英语活动有更多学生交流展示的实践环节，有机会让参与者彼此学习，成为真正的科普英语宣传大使。

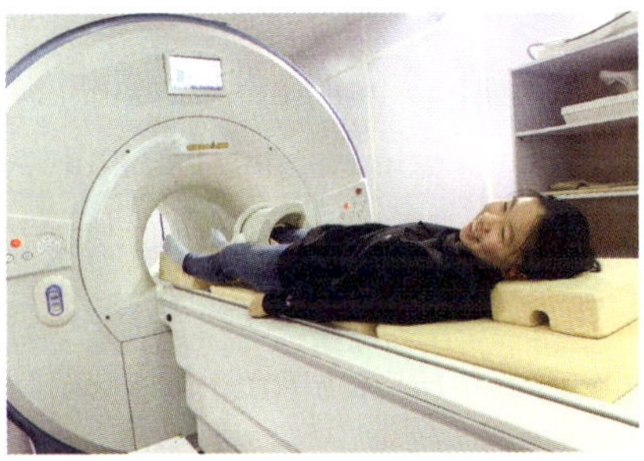

（五）记忆合金
The Magical Shape Memory Alloys

华东师范大学附属进华中学　褚怀锦
指导老师　俞　珍

1. 我的科学故事

The Magical Shape Memory Alloys

On Dec. 3, 2020, our national flag carried by Chang'e-5 has been raised independently on the moon. Technically, it's quite challenging. One solution called "shape memory alloy" has attracted my attention. It just sounds too weird that an alloy has a memory, so I decided to dig into it to crack the riddle.

Let's get started with an experiment. Here is a flower made from a shape memory alloy. Its petals remain closed. But if we pour the hot water on them, what's gonna happen?

Look, they are in full blossom instantly. Now I'd like to pour some cold water on it and see what will occur. These petals cuddled up and closed again.

Very impressive, isn't it? Seems like it's got a memory. So, what's the logic behind?

A shape memory alloy, shortened as SMA, is an alloy that remembers its geometry. It can be deformed when cold but returns to its "remembered" (pre-deformed) shape when heated.

How come a shape memory alloy has a "memory" ? That is because it has a unique property of shape memory effect. The following 4 topic words will help us understand how it works step by step.

1. Phase

"Phase", also known as "state of matter", refers to the stable state of the molecular configuration and atomic arrangement of a substance. Different phases exhibit different physical and chemical properties.

2. Phase change

If temperature or pressure changes, the stable "phase" will not be stable any more. So, the transition from one phase to another is called "phase change".

The picture on the right illustrates how the phases of water change with temperatures varying.

3. Solid-solid phase change

We tend to think of a phase change as liquid water boiling to steam or ice melting, from one state—gas, liquid, or solid—to another. If we look broadly at phase changes, there are many other types, such as "solid-solid phase change".

Take the carbon phase diagram for example. A typical phase diagram has pressure on the y-axis and temperature on the x-axis. As we cross the curves on the phase diagram, a phase change occurs. In addition, two phases of carbon coexist on the curves.

In the solid region, under different pressures and temperatures, there are 2 different solid phases—solid 1 and solid 2. In the lower part, we've got the solid phase of graphite. While in the upper part, we've got another solid phase of diamond. It's really amazing. Actually, the solid-solid phase change of carbon brings about 8 allotropes.

4. Solid-solid phase change in SMAs

The "solid-solid phase change in SMAs" occurs between two phases— "austenite" and "martensite". "Austenite" is the phase that exists at high temperatures and it cannot be easily deformed; "martensite" exists at low temperatures, and it can be easily deformed. By heating, martensite can be changed into austenite. Accordingly, the deformed shape will be changed into the original shape. So, it is the temperature-induced phase change that gives shape memory alloys the "memory". That's the "Shape Memory Effect".

A Quick Question

Why do other metals have no shape memory effect?

It's because SMA's phase change is fully reversible. Phase change of an SMA does not involve diffusion of atoms, so the position of atoms remains unchanged with respect to its neighboring atoms. Phase change of other metals, however, involves diffusion of atoms, changing their position locally.

What is the use of SMAs?

SMAs are widely used.

In the field of aviation, the mobile control units of an aircraft flaps can be made from shape memory alloys.

In the medical field, SMA-made stents can be inserted into the blood vessel to remove the clot.

Besides, SMAs are commonly used in everyday life for braces in dentistry, flexible eyeglass frames, etc.

The best is yet to come ...

There still exist some problems remaining to be solved. For example, some SMAs have poor fatigue properties. That kind of defect poses challenges, but it also provides a possible direction for future research.

Success begins where failure ends. I believe firmly that, with the development of science and technology, the prospects for SMAs will be more promising.

Thank you!

2. 设计展示（部分）

An Amazing Experiment
热水
hot water
冷水
cold water

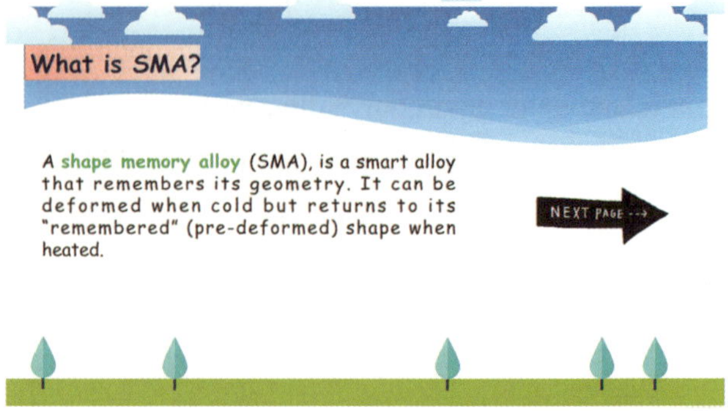
What is SMA?
A shape memory alloy (SMA), is a smart alloy that remembers its geometry. It can be deformed when cold but returns to its "remembered" (pre-deformed) shape when heated.
NEXT PAGE

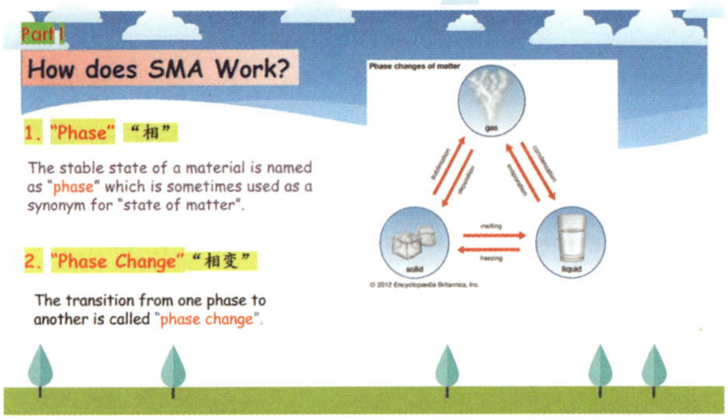
Part I
How does SMA Work?
1. "Phase" "相"
The stable state of a material is named as "phase" which is sometimes used as a synonym for "state of matter".
2. "Phase Change" "相变"
The transition from one phase to another is called "phase change".
Phase changes of matter

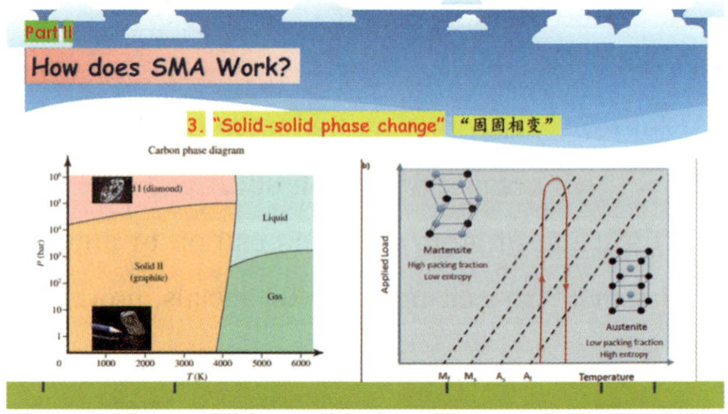
Part II
How does SMA Work?
3. "Solid-solid phase change" "固固相变"
Carbon phase diagram
Liquid
Gas
Solid II (graphite)
Martensite
Austenite
Applied Load
Temperature

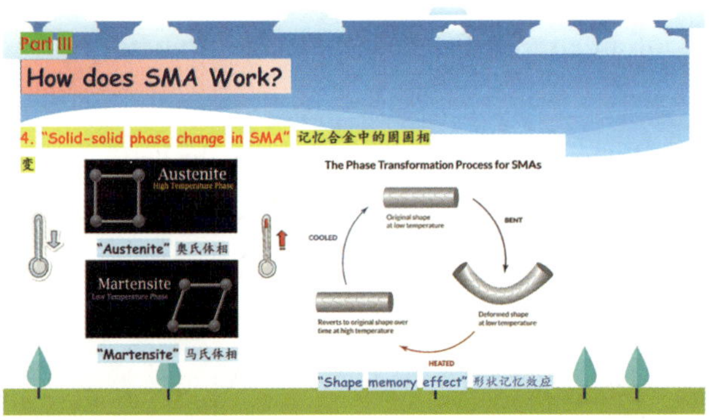
Part III
How does SMA Work?
4. "Solid-solid phase change in SMA" 记忆合金中的固固相变
Austenite
"Austenite" 奥氏体相
Martensite
"Martensite" 马氏体相
The Phase Transformation Process for SMAs
COOLED
BENT
HEATED
"Shape memory effect" 形状记忆效应

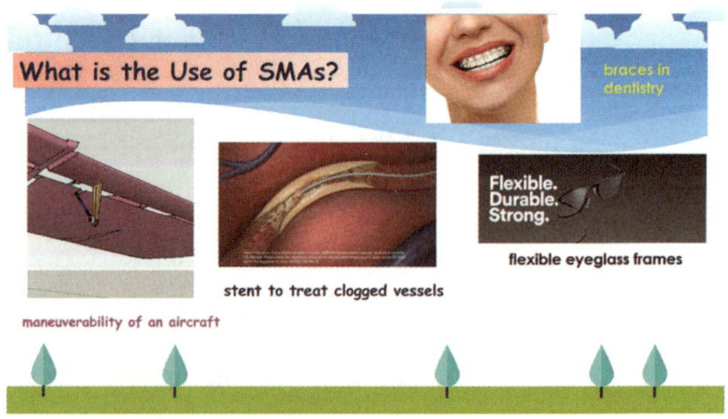
What is the Use of SMAs?
braces in dentistry
Flexible.
Durable.
Strong.
flexible eyeglass frames
stent to treat clogged vessels
maneuverability of an aircraft

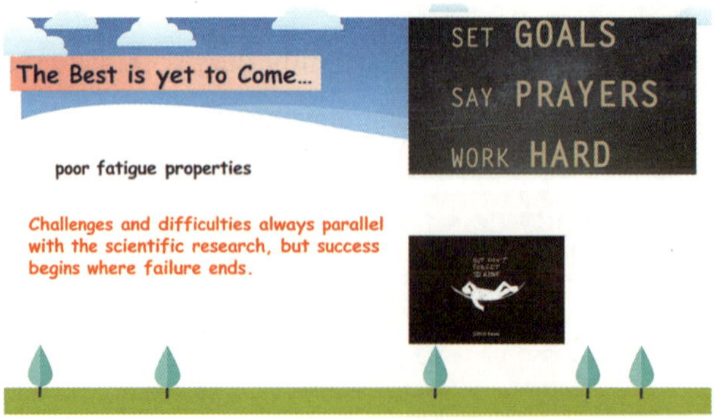
The Best is yet to Come...
SET GOALS
SAY PRAYERS
WORK HARD
poor fatigue properties
Challenges and difficulties always parallel with the scientific research, but success begins where failure ends.

3. 点评

褚怀锦同学以生活中身边的事物为出发点，在我国航天事业发展的新闻中，发现“嫦娥五号”在月面采集并封存了月壤样品，并在点火返回地球之前，将携带的五星红旗在月球表面第一次以动态形式进行了展示。相关报道对此进行了解释，国旗使用了“形状记忆合金”，由此激发了作者的好奇心。我们通常接触的金属，如铁合金、铜合金和铝合金都属于硬物质，在低温下不易变形，更不用说自动改变形态，但“形状记忆合金”打破了我们的常规认识。作者在好奇心的驱使下对其进行了深入的探索。作者首先进行了“形状记忆合金花朵”的温度响应实验，观察了不同温度下花朵的形状。要搞清楚这些问题，需要从物质的内部结构来探究。作者分析了物质在不同温度下的状态变化。大家都知道物质有气、液、固三态，而形状记忆合金的变形是在固体状态下，难不成固体状态下还存在不同的结构变化？确实如此，固体状态下确实存在着不同的物质结构——固固相变。探究发现形状记忆合金是由于不同温度下的固固相变而形成的，但也不是所有固固相变都会产生形状记忆功能。作者也探索了形状记忆合金存在的问题和诸多应用潜力。整体来看，该科普英语探究从身边的事物出发，由好奇心所引发，并对其进行了原理性科普探索，阐明了形状记忆产生的原因，并分析了存在的问题和发展前景。从问题引入，问题分析和探索过程完整，演讲稿内容逻辑安排合理，英语表达流畅清晰，可作为一优秀案例。

4. 活动反思

褚怀锦

2020 年 9 月，新闻联播中报道的我国“嫦娥五号”在月面采集封存月壤样品，并在点火返回地球之前将携带的五星红旗在月球表面第一次以动态形式独立展示的新闻片段引起了我的好奇，原来金属也会有“记忆”。通过查询，我了解到物质世界中确有部分合金具有“记忆”功能，顿时觉得大千世界无奇不有，引起了对记忆合金研究的兴趣。在班主任俞珍老师和父母的鼓励下，我以形状记忆合金的研究为题，报名参加了这次比赛。

报名后，我着手展开了关于形状记忆合金资料的收集和整理，包括形状记忆合金的概念、原理、广泛应用，当前应用中存在的缺点和不足，以及将来的发展方向等。这是我第一次自主研究比较深奥的问题，因此刚开始效率特别低下，只是停留在资料浏览的层面，研究的进展相对比较缓慢。在家长辅导下写出的初稿，也是粗浅的文字材料的堆砌，对记忆合金的认知不能说服自己更谈不上对他人科普。为此，我很苦恼，有时甚至会有打退堂鼓的不理性的想法。

直到专家老师对我开展了面对面的指导，情况才有了改变。专家们的指导由浅入深，从我能理解接受的事物入手。比如，讲述了干将莫邪练剑的故事，让我体会到了马氏体和奥氏体相变，从而对身边记忆合金有了认识，逐渐了解了记忆合金的概念、性质和运作原理。由于我刚进入初二，所学知识较少，知识体系不够完善，刚开始的研究思路比较混乱，指导老师们为我明确了方向：一是要求我深入了解形状记忆合金的概念；二是要求我熟悉形状记忆合金的原理；三是要求我开展想象，天马行空地思考形状记忆合金的未来发展。这个方法非常可行。同时，老师们向我推荐了相关的文献资料，通过阅读文献我渐渐进入了记忆合金的大门，从而选取比较感兴趣的知识作为研究的课题，丝毫不觉得枯燥。

之后，我的稿子初具雏形，我兴奋地提交给了指导老师们，但是没想到被泼了一盆冷水，老师们指出稿子的学术性太强，科普性还不够。对此我开始不能理解，但是在指导老师的循循善诱后，我明白了研究的目的不仅要让自己明白记忆合金的原理，更要将记忆合金这一物理知识普及给广大的同龄小朋友，让他们对物理知识产生共鸣，激发他们对科学探究的兴趣。因此，为了让大家乐于接受科普演讲，老师们再次对我开展了面对面的指导，手把手地教我对资料进行归类、整理和筛选，从科普和普通受众易于接受的角度，进行加工和提炼并成文。

演讲稿和 PPT 准备好之后，我开始准备现场演讲和答辩。对我而言，平时学习中运用英语书写的机会比较多，开口机会少，所以我对演讲和答辩是比较陌生的，刚开始还有些紧张。通过一遍遍的练习，尤其是经历了现场演讲和答辩，我认识到敢于开口、敢于表达对英语学习是多么重要，只有会表达和会交流才能真正掌握英语学习的真谛。经过这次活动，我希望像科学思创这类的活动能越办越多，让更多的同学们参与进来，在课余生活中关注更多的科技发展现状和科学知识，从小就立志做一个对社会、对国家有用的人。

通过这次活动，我学习到了一种新的研究性的学习方法，是对我们课内学习的有益补充。希望活动能够搭建更宽广的平台，让更多的同学参与；希望活动能够常办常新，以海纳百川的胸怀接受各种各样的观点和见解，成为上海中小学生中一个喜闻乐见的品牌。

三、地球宇宙科学

（六）激光测距

380 000 Kilometers, Laser Ranging Tells Us the Earth-Moon Distance

华育中学 师亦凡
指导老师 刘 曜

1. 我的科学故事

380 000 Kilometers Laser Ranging Tells Us the Earth-Moon Distance

Good morning, my dear teachers and friends. This is Shi Yifan from Huayu Middle School. Today, I'd like to share with you my favorite topic about Laser Ranging. When we were young, we heard the legend Chang'e Flying to the Moon, a beautiful tale of ancient China. But do you know how long it takes for her to travel from the Earth to the Moon? I can tell you the answer. It is a long trip of over 380 000 kilometers on average. How do we know the Earth-Moon distance? Lunar Laser Ranging tells us.

Now let's take a closer look at it.

First, what is Lunar Laser Ranging?

Lunar Laser Ranging is the measurement of the distance between the Earth and the Moon by measuring the time of laser travelling from the Earth to the Moon. Since the speed of light is known, the distance the laser beam travels, which is the distance between the Earth and Moon, will be worked out after a calculation. It's a focus shift from distance to time, which makes the measurement feasible.

Second, what do we need in Lunar Laser Ranging?

Basic devices are laser ranging telescopes as transmitters and receivers on the Earth and high precision retro-reflectors on the Moon.

Third, how does Lunar Laser Ranging work?

This is the measurement principle:

$z = c \cdot \Delta T / 2$

Take China's first successful lunar laser ranging experiment for example. On January 22, 2018, a 1.2-meter telescope laser ranging system from Yunnan Observatory fired a laser wave to the lunar retro-reflector left by the U.S mission Apollo 15. Recorded the time it took a photon to get to the moon and back, divided it by two, multiplied it by the speed of light, which is about 300,000 km per second. And then, the distance worked out from the Earth to the Moon was above 380,000 kilometers. Isn't it amazing?

Simple as it may sound, it is difficult to realize it in practice. Since it is far away from the Earth to the Moon, due to the path loss, transmitters should be powerful enough to shoot laser beam to the Moon and get sufficient number of photons returned to the receivers. Secondly, retro-reflectors on the Moon are not ordinary mirrors. They should be sufficiently large. What's more, they are the corner reflectors-like three mirrors placed vertically to each other, working together to reflect the light exactly into the direction of the incoming light. Thirdly, highly sensitive receivers are indispensable because the return signals must be very dim after a long journey. When the pulse returns, the intensity is weakened. Just like the torch beam; the farther it travels, the larger the light spot develops and the weaker the beam becomes. Actually, only one returned photon is detected for every outbound shot.

Finally, I'd like to talk about the significance of Lunar Laser Ranging.

Lunar Laser Ranging has been the most accurate Earth-Moon distance measuring technology so far. Its development is significant to the research in many fields. Lunar Laser Ranging also paves the way for China's lunar probe program. The accurate measurement of Earth-Moon distance serves as a pioneering research for "Tianqin" Project to detect gravitational waves in space. In 2019, China became one of the three countries successfully receiving signals reflected back from all five laser retro-reflector arrays with cm level precision. Hearing that, we can't help exclaiming, "How amazing China is."

My fellow students, such scientific spirits as infinite curiosity and creativity embodied in the Lunar Laser Ranging research have always fascinated and inspired me. Will you join me in adventuring in the world of science? Yes.

Thank you.

2. 设计展示（部分）

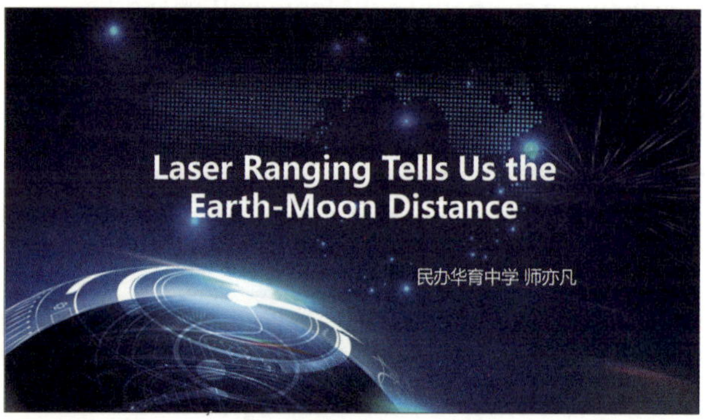

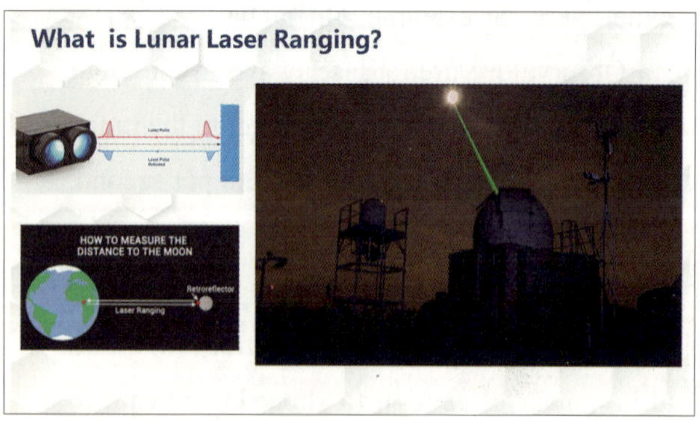

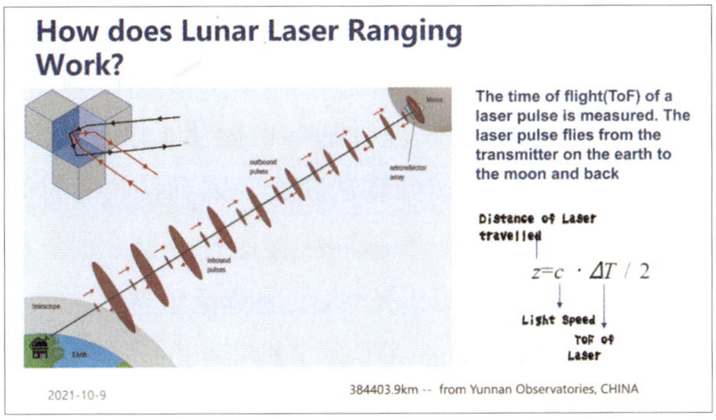
How does Lunar Laser Ranging Work?
The time of flight(ToF) of a laser pulse is measured. The laser pulse flies from the transmitter on the earth to the moon and back
Distance of Laser travelled
z=c · ΔT / 2
Light Speed
ToF of Laser
2021-10-9
384403.9km -- from Yunnan Observatories, CHINA

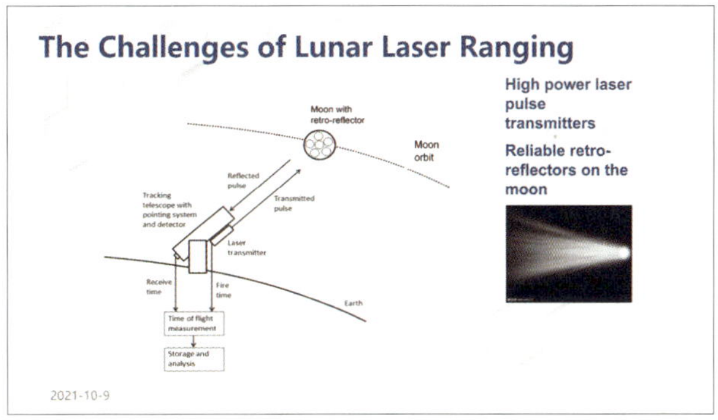
The Challenges of Lunar Laser Ranging
High power laser pulse transmitters
Reliable retro-reflectors on the moon
Moon with retro-reflector
Moon orbit
Earth
2021-10-9

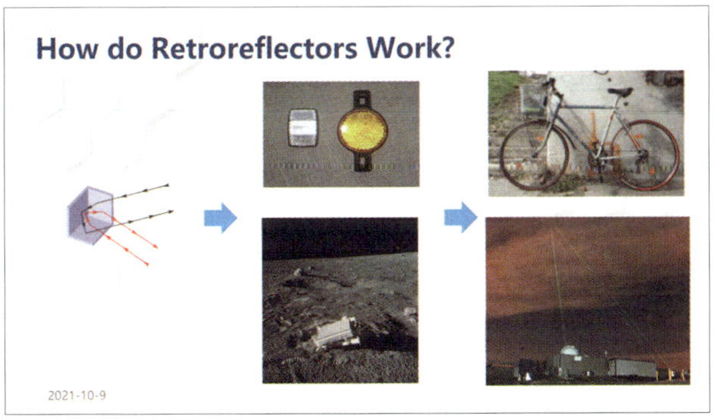
How do Retroreflectors Work?
2021-10-9

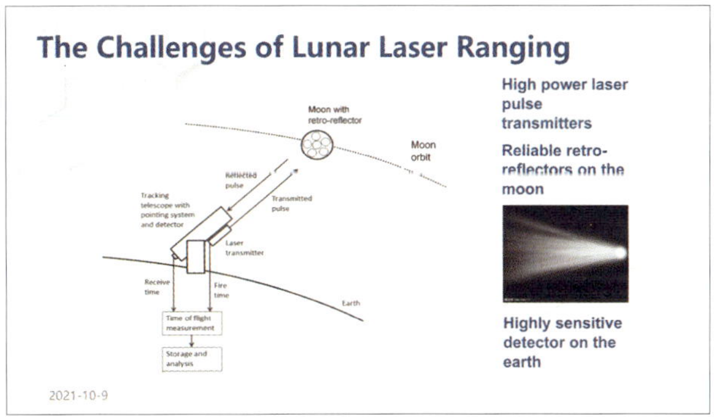
The Challenges of Lunar Laser Ranging
High power laser pulse transmitters
Reliable retro-reflectors on the moon
Highly sensitive detector on the earth
Moon with retro-reflector
Moon orbit
Earth
2021-10-9

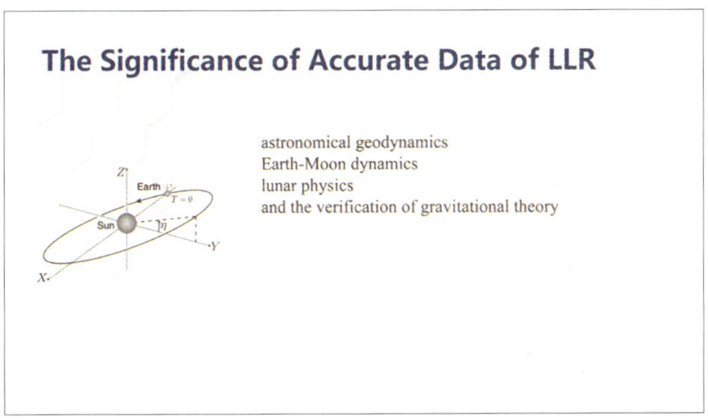
The Significance of Accurate Data of LLR
astronomical geodynamics
Earth-Moon dynamics
lunar physics
and the verification of gravitational theory
Earth
Sun

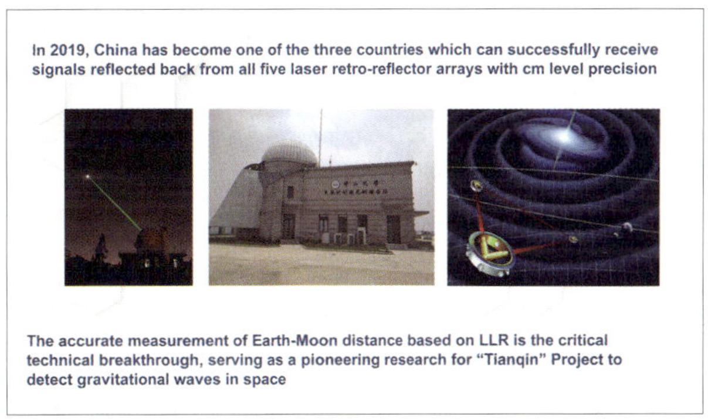
In 2019, China has become one of the three countries which can successfully receive signals reflected back from all five laser retro-reflector arrays with cm level precision
The accurate measurement of Earth-Moon distance based on LLR is the critical technical breakthrough, serving as a pioneering research for "Tianqin" Project to detect gravitational waves in space

Exploration into the unknown universe
Adventure in the world of science

3. 点评

本次活动中，有相当多的同学都选择了激光测距技术，在介绍工作原理时基本均提及了以下两点：激光测距技术是将激光束发到要测量距离的物体的表面，利用反射原理，计算从激光发射到接收的时间差，最终距离等于速度乘以时间差的一半。这是激光测距技术中的一类——脉冲法，还有两类分别是相位法和三角法。不同的测量方法有不同的适用领域。但是，一方面，不少同学将主题宽泛地选择为“激光测距”，结果在介绍时却仅限于脉冲激光测距，以偏概全。另一方面，由于大家搜索到的资料有限，不少同学在介绍工作原理时，在介绍了距离等于速度乘以时间差的一半之后就戛然而止。这就意味着，这些同学呈现的内容大同小异，难以让观众有眼前一亮和收获丰厚的感觉。而师亦凡同学在故事讲述中就向前迈了一步，在工作原理方面介绍得更为深入、生动。

师亦凡同学从探月讲起，引出主角——激光地月测距技术。先介绍了该技术的定义和实现该技术所需的硬件、工作原理，接着介绍了该技术的重要性和应用。一方面，他选题准确，与展开的内容相符合。因为他的选题是激光地月测距技术，所以在讲述中主要关注脉冲激光测距是合理的。另一方面，在介绍工作原理时，该同学先以2018年天文学家利用云南天文台的激光测距系统进行的地月距离测量为例，进行了工作原理的常规介绍；再以“Simple as it may sound, it is difficult to realize it in practice”承接，并设置悬念，让观众产生疑问；之后，他用相当大的篇幅介绍了三个难点：发射的激光束要求、月球表面放置放射面的要求、地球上接收器的要求，一一阐述，一气呵成。此外，在介绍该技术的重要性和应用时，他适当地进行了展望，提及了火星探测工作和引力波探测工作。该同学之所以能脱颖而出，是因为该作品选题准确，工作原理介绍有深度、有内容且通俗生动，应用介绍不空洞；是因为该同学从自己的兴趣入手，并投入了热情和精力去查找资料、消化资料和呈现资料。这在他的个人活动总结中不难看出。

除了以上优点，该同学制作的PPT逻辑鲜明、重点突出、图文并茂；演讲表达流畅、条理清晰，没有逐字逐句读稿的问题。

总体来看，该同学的陈述是一次较好的科普英语案例，信息获取较全面准确，选题的重点凝练得当，故事陈述娓娓道来，逻辑性强、引人入胜，为大众带来了一次针对科学前沿技术的英语科普展示，符合新版科普英语的活动理念。

4. 活动反思

师亦凡

2021年4月至7月，我有幸参与了“2021年上海市青少年科学思创挑战活动”，取得了不错的成绩。回顾这几个月的活动之旅，我收获良多。

一、准备

我选择了宇宙科学的题材，将男生的航天梦与我喜欢和擅长的物理学科结合是个好的切入点。4月24日中国航天日、4月29日中国空间站天和核心舱发射成功，都给了我灵感，使我找到了演讲的主题——激光地月测距。

要想把原理讲清楚，首先自己要学懂原理。我去书店购买英文科学杂志，上网络搜索文献资料，查询专业论文，看英文讲座，了解专业原理和这一领域的最新发展，积累专业词汇的中英文表达。我还借阅了英语演讲比赛的书籍，观看视频，揣摩英语演讲比赛的风格和特点。

二、过程

因为前期准备充分，我在撰写中英文稿时比较顺利，以“嫦娥奔月”的民间传说引出地月测距的话题。六改文稿，最终定稿。平时我不擅长背诵，但是这次我几乎是朗读了几遍就能尝试完整背诵了。我想这是因为活动鼓励我们用通俗易懂的语言讲述自己理解的科学原理，贴近我的英语水平和认知水平。决赛当天，我用简单生动的话语和小道具，自信满满，娓娓道来地讲述了较为复杂的科学原理。

三、遇到的困难

首先遇到的难题是如何将阅读的文献融会贯通，提炼总结，从而形成自己的讲稿。激光测距的基本原理容易理解，但是专业论文的论述是艰深的。比如激光测距望远镜的工作原理，具体的操作过程等，要深入理解需要花一番工夫。我理解的科普英语活动核心在于科普，深入了解原理和背景知识后，做到深入浅出，难题也就迎刃而解了。

四、得到的帮助

首先给予我帮助的是我的父亲。我和他讨论题材，遇到不能理解的原理便和他交流探讨。英语老师王老师多年的教导为我打好了书面和口语的基础。我的母亲和王老师对我的初稿语言上提出了建议。最大的帮助来自于我的指导老师刘曜老师。刘老师对我的稿件进行了非常细致的修改，从语言到风格提出了最十分宝贵的意见。正是吸纳了刘老师的建议，我的稿子才得以成为一份真正的演讲稿。刘老师推荐我多看类似 Ted 演讲的视频，奠定了我传授性演讲的朴实风格。刘老师还对我的演讲和答辩进行了演练指导，有了充分的准备，在决赛当日我才做到了自信从容。

五、收获

我在这次活动中选的是科学之思的内容（Science as Ideas）。小想法也可能带来大发现。正如激光测距的原理不算复杂，但是得到的精确数据为宇宙探索奠定了基础。活动激发了我对感兴趣的学科进行了更深入的思考，学会自己去寻找问题的答案。

在准备过程中，我感动于中国科学家们的航天精神。我想像他们一样勇于攀登、科学求实、为国争光。这是我的另一收获。

展示中，我的英语演讲和沟通能力都得到了锻炼。评委提问环节锻炼了我的应变、沟通交流的能力，开拓了我的思维。

此次活动中，我感受到了基础学科的研究乐趣，树立了从事宇宙物理学科研究的志向，成为航天工程师是我的理想。这是参与这次活动给予我的另一宝贵礼物。

六、期待

用英语讲述科普故事促进了我学习英语的热情。这个活动不仅促进了英语语言的精进，更是展示对科学的兴趣和聪明才智的舞台，它向更多的人普及了科学前沿的成就，并激发了我探索科学的热情。这是跨学科、多方面的融合，拓展了同学们的知识面，训练了演讲、交流沟通、自学和科研等综合能力。多思和多学，求知与热爱，将会是伴随我终生的财富。我期待并且相信，会有更多的同学以更大的热情投入英语学习之中，加入基础科学普及的队伍，让更多的人爱上科学，为祖国的科学研究和科技创新贡献力量。我祝愿科普英语活动越办越好。

（七）激光测距
Laser Ranging

华育中学　张润泽
指导老师　刘　曜

1. 我的科学故事

Laser Ranging

Hello, dear judges. I'm Zhang Runze. Today, my topic is Laser Ranging.

Long ago there have been people thinking about the easiest way to measure the distance between us and those far planets. In the 1950s, a small group of students and researchers, working at Princeton University suggested that powerful, pulsed searchlights on the Earth be used to illuminate optical corner retroreflectors placed upon an artificial satellite orbiting the Earth in an attempt to probe the fundamentals of gravity. A few years later, some scientists came up with the concept of Light Amplification by Stimulated Emission of Radiation, LASER. Its precise wavelength and great intensity made people connect those two together: using a laser beam to illuminate the planet's surface, and then calculate the time for the light to travel back forth. As the distance is usually long enough for the light to travel milliseconds or seconds, it is an applicable way. This, is just what we call today, Laser Ranging.

There are mainly two ways of measuring the distance: Time-of-Flight ranging (TOF) and Laser Triangulation. TOF can be further divided into the Pulse Ranging and Phase Ranging. They all rely on a machine to emit a certain type of light, and it is simply called "the modulated light".

Pulse Ranging is the simplest of all and the easiest to understand. The source emits a laser beam, and the machine measures the time for the light to travel. The distance is given by the following formula.

Phase Ranging is a bit more complicated. We all know that light is a transverse wave, and like all waves, it has amplitude, frequency, and phase. Imagine a source emitting light to a barrier. We see the wave "moves" when its phase varies. The phase actually means the position of the wave at a certain time. When the modulated light meets a barrier and bounces back, there will be a slight difference between the phases of the two waves. By measuring this difference, we can determine the distance. However, when the reflector is moved backwards a certain distance, the reflected light is the same as the previous one-so the range is limited. We can increase its range limit by using different wavelengths of the modulated light. The distance is given by this.

The Triangulation one is roughly described by this picture. Nearly every surface we encounter is rough, and light will get diffused if shot right at it. When the beam hits the wall or some kind of surface, it gets diffused and goes back into the machine. By some simple calculations, we can find the distance.

Laser Ranging has high precision, and has all sorts of applications.

First of all, Laser Ranging is used for measuring the distance between planets. This is the most apparent application of the technology. Humans first tried using this technology to measure the distance between the Earth and the Moon. However, because the light gets diffused when it hits the Moon's surface, the reflected light is not so bright, therefore making it hard to reach high accuracy. To overcome this problem, the American astronauts placed a retroreflector on the moon. Since then, we can measure the distance within an error of 8 centimeters.

Also, as we humans carry out more and more activities in space, the amount of junk we produce is getting larger and larger. The debris, which can reach very high velocity, poses a great threat to the satellites and space probes as they are in danger of colliding with each other. We can use Laser Ranging to determine the distance between us and those "junks", and try to decrease the number of the space junk, thereby making space activities safer. Moreover, when two probes are "combining", or "docking", the technology provides a good and precise way to measure the distance between them.

All in all, the concept of Laser Ranging is simple and its uses are wide; some other activities such as vehicle speed measurement or geographical studies also uses this technology. It is a powerful way of finding evidence to the knowledge we currently know. What we can do now is to improve the technology so as to make it serve humans better.

Thank you.

2. 设计展示（部分）

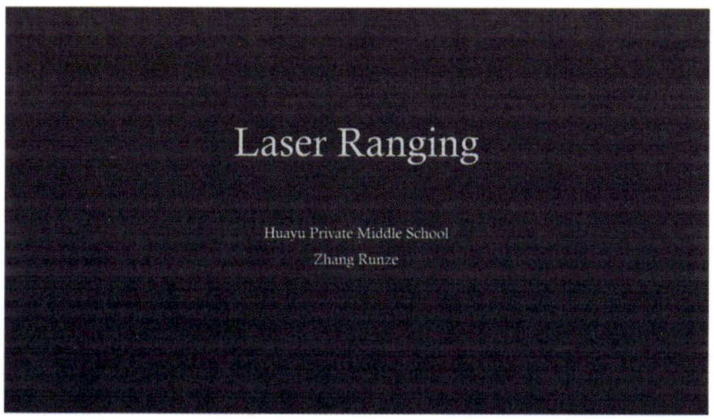

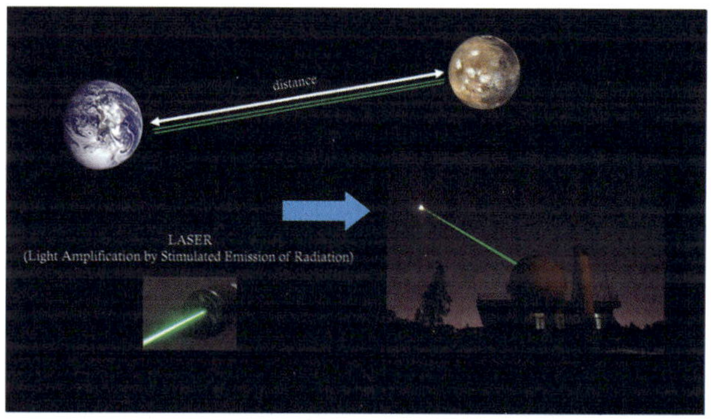

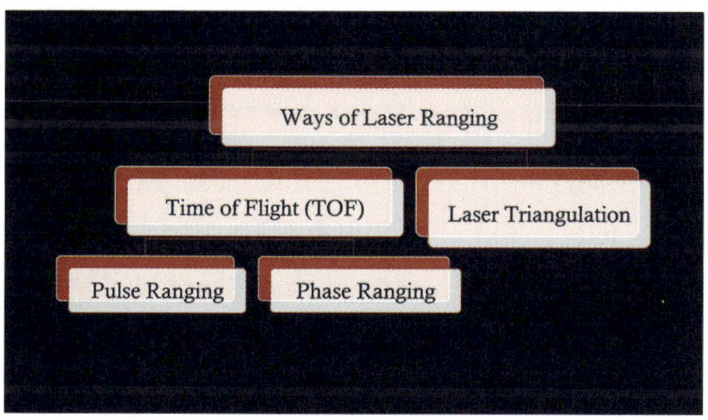

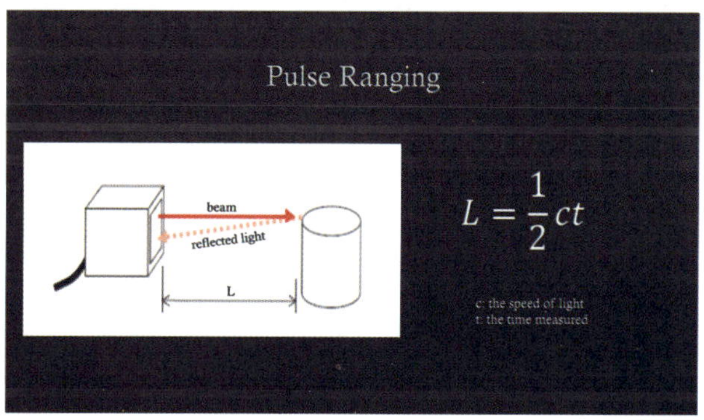

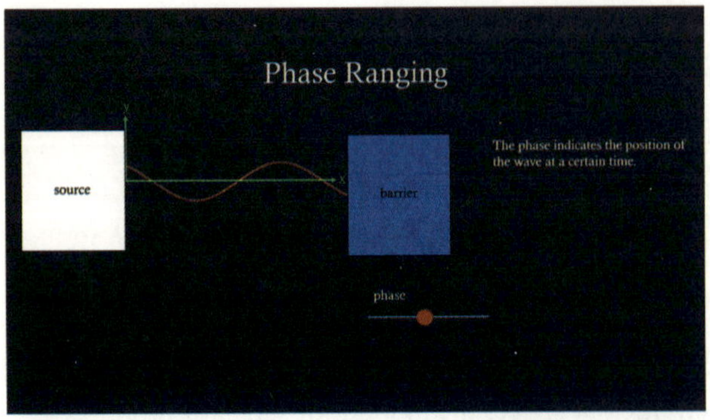

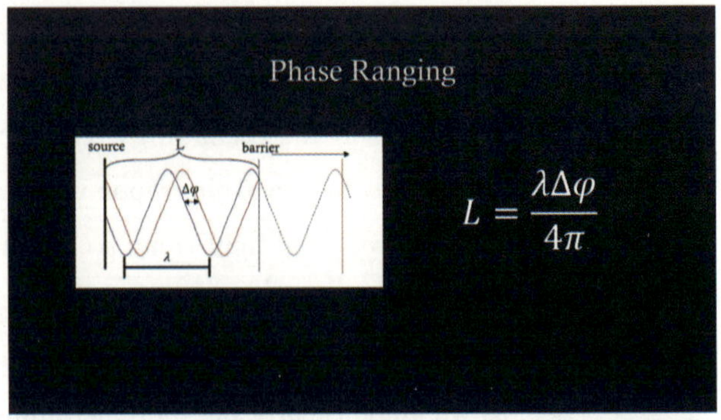

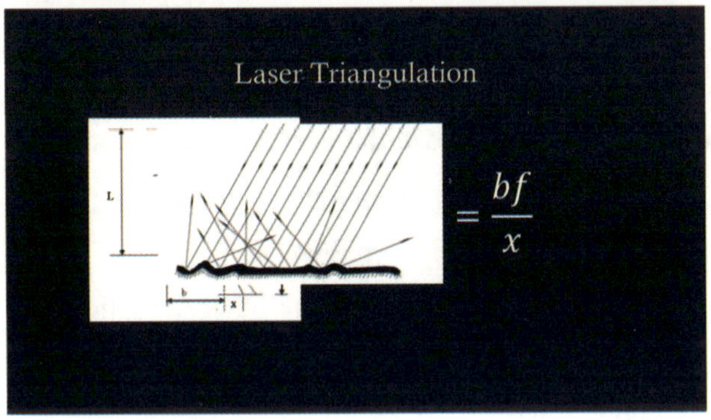

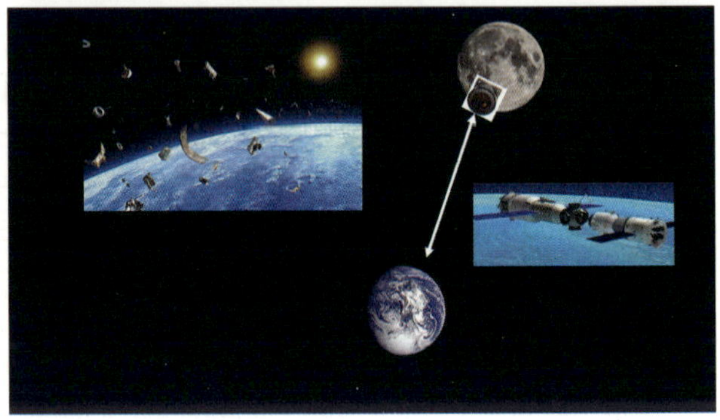

3. 专家点评

张润泽同学从测量距离的方法入手，从测距发展的简史讲起，分别引出“测距”“激光”以及“激光测距”。接着，他介绍了激光测距的两大类方式——时间延迟类测距和三角法测距，其中时间延迟类测距又分为脉冲法和相位法。在介绍相位法时，他强调该方法测量距离的范围有限，常用于近距离测量。至此，技术的简介和工作原理的陈述占据了内容。后续内容主要集中在激光测距技术的应用。

从内容比例的配置上，应更多提高工作原理科普方面的比例。不过可圈可点的是，该同学在介绍应用时也综合了部分原理，且选取的应用案例具有一定的代表性，例如在介绍该技术应用到地月测距时，提及“because the light gets diffused when it hits the Moon’s surface, the reflected light is not so bright, therefore making it hard to reach high accuracy. To overcome this problem, the American astronauts placed a retroreflector on the moon”，即为了克服接收反射光强度低的问题，采取了在月球表面放置反射镜的方法；另一个案例是为了保障航天飞行器的安全，使用激光测距技术来探测太空垃圾的存在和距离；还有利用激光测距来辅助航天器对接和着陆等。

选择将激光测距作为主题的同学中，也有一些同学提及了激光测距的分类，但只是点到即止，没有对其工作原理进行介绍；还有一些同学对激光测距的应用进行了详细介绍，但又几乎没有提及激光测距的分类，在原理介绍时只说了脉冲法的内容。相对而言，张润泽同学的作品符合他的选题“激光测距”，包括了定义、分类以及每类的工作原理；介绍的应用案例有内容，和工作原理也有呼应。

PPT 呈现形式的优点是图文并茂，针对重点内容进行了科普化展示，清晰明了。该同学演讲逻辑清楚，表达流畅，尤其是在问答环节表现出的对激光测距原理和应用的理解让评委印象深刻，显示出他在准备过程中查阅了大量参考资料并吸收消化形成了自己的思考。

尽管张润泽同学的英语科普故事还存在一些不足之处，例如：1）选题理由还不够充足；2）部分内容的逻辑还需要再认真推敲，例如将激光测距技术应用到太空垃圾测距这部分；3）PPT 的制作设计还需要再提升。但总体来说，该同学信息获取较全面准确，选题重点凝练得当，故事陈述娓娓道来，为大众带来了一次针对科学前沿技术的英语科普展示，符合新版科普英语的活动理念。

4. 活动反思

张润泽

我有幸参加了 2021 年上海市科普英语思创挑战活动并且取得了不错的成绩。该活动的宗旨是鼓励学生用英语“把感兴趣的科学讲清楚”，鼓励学生把课本上的知识应用到生活中，真正了解前沿科技，哪怕是很小的一个点，只有把相应的科学道理讲透，才能普及科学知识。

活动章程公布后，我感到十分迷茫，因为其中很多课题都是我不太熟悉的，比如生命科学、工程技术、物质科学等。幸运的是，宇宙科学的课题是我比较感兴趣的课题，于是我挑选了激光测距技术作为主题。

我从小就对宇宙知识兴趣浓厚，小时候最喜欢看《十万个为什么・宇宙分册》,《DK 宇宙大百科》也是百看不厌。说起测量距离，我们立刻能想到的是卷尺测量：卷尺的一端固定，另一端拉到目的位置，读卷尺上面的刻度就可以知道大致的距离。但是这种测量方式的缺点是精度低，长距离测量由于卷尺的伸缩性导致误差较大；而且人工操作费时费力。

以前我只了解最简单的脉冲激光测距方法，但在网上查阅资料的时候，才发现激光测距竟然有那么多可以研究的方向。在研究过程中，我遇到了一些困难，最主要的困难是找不到详细介绍激光测距历史的文章，网上有关激光测距的几乎都是枯燥的论文。我觉得还要留一点空间讲讲激光的全名，因为知道的人可能不多。

在课题实验环节我也遇到了难题。激光测距的基本原理我几乎都已了解，就是利用激光束发到要测量的表面，利用反射原理，计算从发射到接收的时间差，用速度乘以时间来计算距离。但是我没有相应的实验器材。这时爸爸告诉我说，随着科技的发展，激光测距技术已经应用到许多领域，并且成为了一项简便易得的技术。于是，在爸爸的推荐下，我迫不及待地购买了一台激光测距仪，利用这个小小的仪器我可以很快的测量出物体的长度、房屋的高度等。

这台神奇的装置几秒钟就可以得出测量结果，对此我很好奇。于是我尝试拆解激光测距仪，通过实物拆解，了解到它由激光产生装置、发射透镜、接收透镜、接收感光元件及核心电路板组成。高精度计时器可以测算激光束返回的时间，从而得出距离。

但我更好奇的是这种技术是怎么应用到天体测量上的，这么远的距离能行吗？为了寻找答案，我利用课余时间，去图书馆、科普网站查阅资料，自学了光学的相关知识，空间目标激光测距技术及应用。我知道了随着设备精度的提高，目前用激光测定月球和人造卫星的测距精度已达 8 厘米左右，几年内可望达到 2 ~ 3 厘米，这是一个非常令人兴奋的数据。

在整个科普英语思创挑战活动中，在老师和父母的帮助下，我收获颇丰。

首先是延续了我的兴趣。通过活动我学到了很多物理知识，实践动手使我认识了基本原理，通过大量的资料查阅，也使我对课题内容有了更深入的理解，同时丰富了知识面，拓展了视野。

其次是享受了构思演讲稿及制作幻灯片的过程。科普英语思创活动需要用英语制作 PPT 及演讲稿，对我而言也是一种挑战，不仅要熟悉很多专业词汇，还要学习 PPT 的制作，虽然最后我花了好几天时间才完成 PPT 的制作，但是很有成就感。

最后是极大地锻炼了演讲技巧。科普英语思创活动一个特点就是通过舞台演讲及答辩方式进行展现。因此在演讲技巧、节奏把控方面我也得到了极大的历练。

总之，我非常感谢能有这样的活动，也非常乐意参加此类活动。此外，我建议科普英语思创活动应该让学生可以自由选择更广泛、更全面的课题，这样选手们会更容易找到自己最擅长的领域。

总而言之，因为兴趣，才有创新，把一个科学道理讲得能让大家都理解，这才是真正的科普。

（八）VLBI 甚长基线干涉测量技术
Build a VLBI Telescope on the Moon

复旦五浦汇实验学校 黄玮彤 高子桐 耿苏楠[①]
指导老师 李 芳

1. 我的科学故事

Build a VLBI Telescope on the Moon

H: Last year, the biggest science news is this picture.

Zitong, do you know how to take such a high-resolution picture of the black hole?

G: I guess it was taken by satellite with a high-definition camera.

N: I heard that VLBI technology has been applied.

H: Yes. Scientists around the world used 9 telescopes to observe black hole at the same time. And they applied VLBI network to take this picture for the first time.

G: What is VLBI technology? It sounds so cool. Besides taking photos, what's the use of it?

H: The full name of VLBI is Very Long Baseline Interferometry. It is a technique based on several radio astronomy telescopes. We could collect the signals from very distant astronomical radio sources, such as quasars, and processed at the same time.

About its application, the Chinese lunar exploration programs from Chang'E-1 to Chang'E-5 also used VLBI and ranging technique for orbit tracking and determination.

A complete VLBI system includes several telescopes, signal receiver, atomic clock, data recorder and correlator.

G: What is the atomic clock?

H: Atomic clock is used to provide ultra-stable frequency for each station, and hydrogen maser clock is used now, with accuracy 1 sec in 1 million years.

N: And what is the correlator for?

The radio signals are recorded and correlated to get the amplitudes and phases of the interference fringes, as well as baseline delay and rate.

N: Are there VLBI telescopes in China? Where are they?

H: Yes, China has the biggest VLBI network in Asia. At present, it consists of four telescopes located in Beijing, Shanghai, Kunming and Wulumuqi, respectively.

Now, East Asia has VLBI network of 23 telescopes.

G: If we can build another telescope on the moon, we can observe deep space!

N、H: That's a great idea!

① 本案例中，黄玮彤简称 H，高子桐简称 G，耿苏楠简称 N。

G: With the telescope on the moon, the baseline is longer. Then we will get higher angular resolution of interferometry. That means we could obtain clear picture or accurate data. The first step is to choose the location for the telescope on the moon.

N: We found three factors are very important.

(1) Sun light, which is easy to use solar power;

(2) Terrain. The terrain should be flat, which is convenient for construction and internal traffic of the base;

(3) In the near side of the moon, where to communicate with the Earth directly.

G: Then we further divided the moon surface into three parts for comparison: polar region, low latitude region, and equatorial region. A table was used to compare the above three regions. Factors such as the lunar surface, temperature, lighting conditions, resource utilization, and micro meteor protection were taken into consideration. We compared the factors and got the results.

H: The lunar polar region is one of the best choices due to the factors of enough light conditions, and special terrain characteristics.

N: According to the lunar DEM (Digital Elevation Model, show the map ...), there are many lunar mare at the south pole. Lunar mare is flat, and we classify the lunar mare in the south polar of the moon, as listed in this Table.

N: We have two candidates to build a telescope, Haworth-Shoemaker-Faustini region and Amundsen region. The advantage of the Haworth area is that the three areas are basically connected, and the size of each mare is about 40 kms, which is convenient for future expansion.

G: Wait a minute. I read the reference paper and find three areas are permanent shadow areas (look at this picture), which means that there is no sunlight and solar support is not available.

Amundsen seems better to build a telescope:

The terrain is relatively flat, and it is the second largest mare in the south pole of the moon, with a diameter of about 80 km;

H: Yes, I agree. It can generate solar power under continuous illumination conditions; Amundsen area is better to build our VLBI telescope.

N: Amudsen area can provide enough sun light, flat terrain, and with larger diameter. So we finally selected Amundsen area as the construction site after comprehensive comparison.

G: With the VLBI telescope on the moon, the angular resolution is improved, and the VLBI network can do better on the scientific research. such as clearer black hole, and more accurate navigation for deep space probe, and so on.

合: Let's do it. To the Moon, we are going, and we go together.

2. 设计展示（部分）

Build a VLBI telescope
on the moon
Huang Weitong
Gao Zitong
Geng Sunan
2015

The picture of Black hole M87 from EHT
Event Horizon Telescope (EHT)
A Global Network of Radio Telescopes

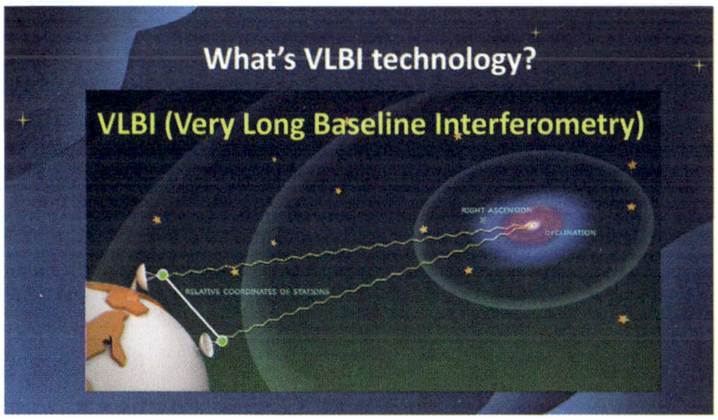
What's VLBI technology?
VLBI (Very Long Baseline Interferometry)

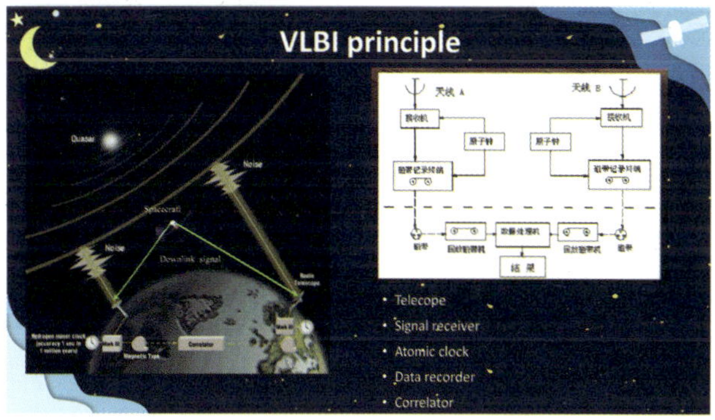
VLBI principle
Telecope
Signal receiver
Atomic clock
Data recorder
Correlator

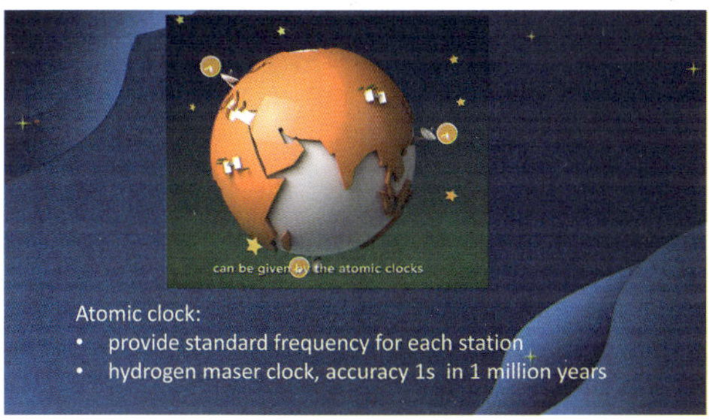
can be given by the atomic clocks
Atomic clock:
provide standard frequency for each station
hydrogen maser clock, accuracy 1s in 1 million years

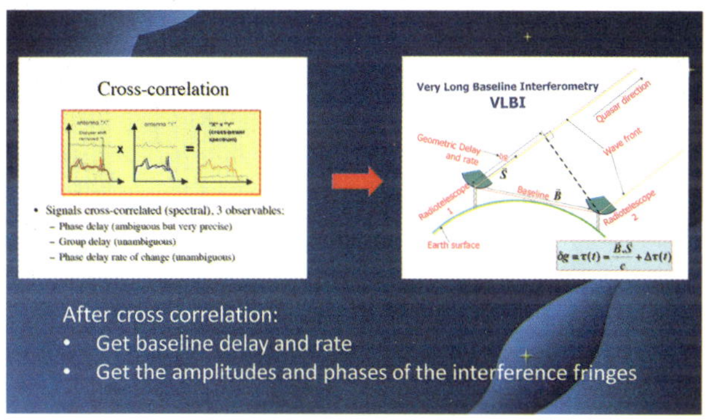
Cross-correlation
Signals cross-correlated (spectral), 3 observables:
Phase delay (ambiguous but very precise)
Group delay (unambiguous)
Phase delay rate of change (unambiguous)
Very Long Baseline Interferometry
VLBI
After cross correlation:
Get baseline delay and rate
Get the amplitudes and phases of the interference fringes

What's the application of VLBI technology?
VLBI technique is applied in lunar and deep-space exploration.
Chang'E-1 to Chang'E-5 combine VLBI and ranging technique
for orbit tracking and determination

The East-Asia VLBI Network
THE EAST-ASIA VLBI NETWORK
Chinese
Japanese
Korean

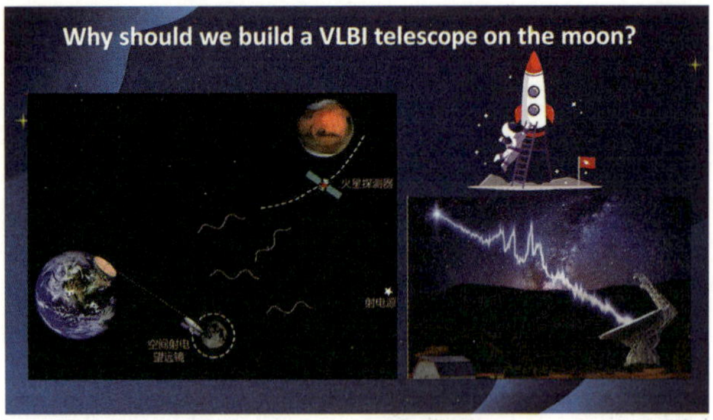

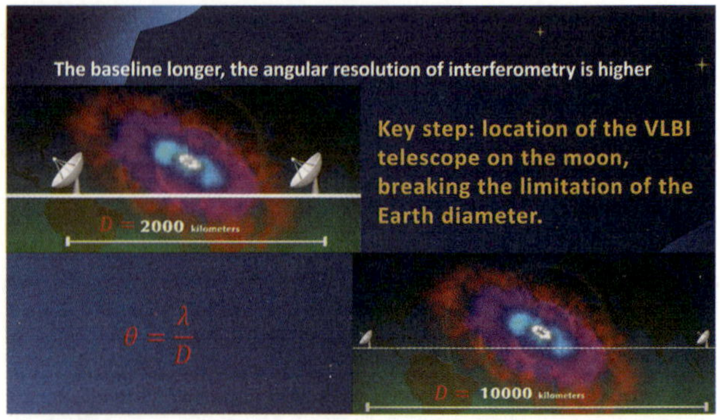

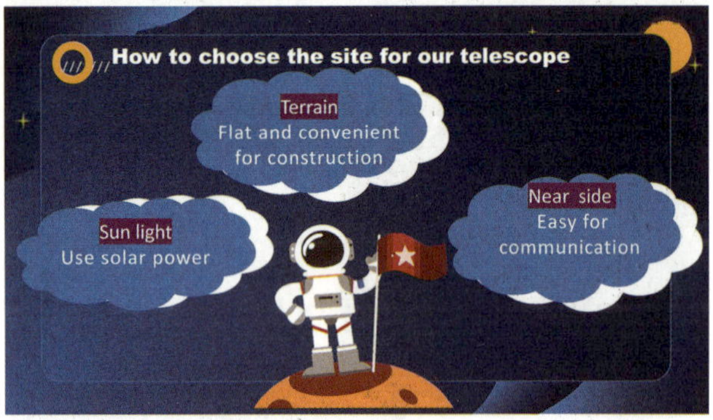

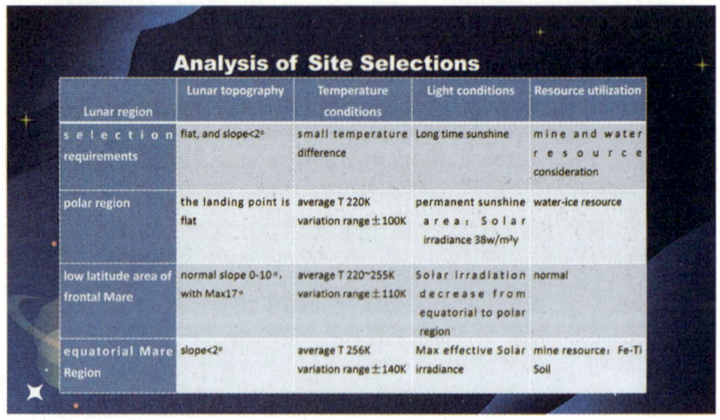

Lunar region	Lunar topography	Temperature conditions	Light conditions	Resource utilization
selection requirements	flat, and slope<2°	small temperature difference	Long time sunshine	mine and water resource consideration
polar region	the landing point is flat	average T 220K variation range ±100K	permanent sunshine area: Solar irradiance 38w/m²y	water-ice resource
low latitude area of frontal Mare	normal slope 0-10°, with Max17°	average T 220~255K variation range ±110K	Solar irradiation decrease from equatorial to polar region	normal
equatorial Mare Region	slope<2°	average T 256K variation range ±140K	Max effective Solar irradiance	mine resource: Fe-Ti Soil

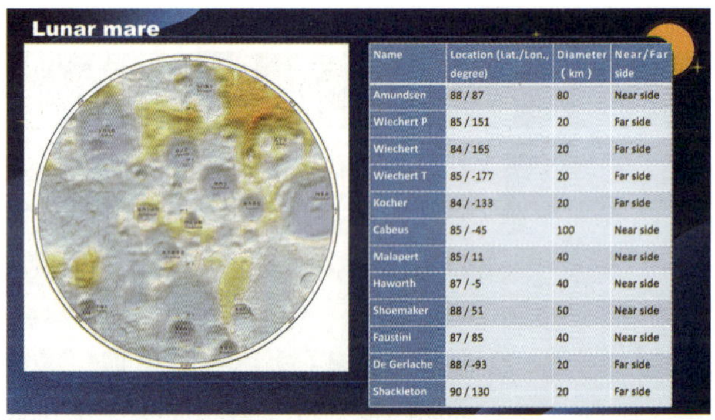

Name	Location (Lat./Lon., degree)	Diameter (km)	Near/Far side
Amundsen	88 / 87	80	Near side
Wiechert P	85 / 151	20	Far side
Wiechert	84 / 165	20	Far side
Wiechert T	85 / -177	20	Far side
Kocher	84 / -133	20	Far side
Cabeus	85 / -45	100	Near side
Malapert	85 / 11	40	Near side
Haworth	87 / -5	40	Near side
Shoemaker	88 / 51	50	Near side
Faustini	87 / 85	40	Near side
De Gerlache	88 / -93	20	Far side
Shackleton	90 / 130	20	Far side

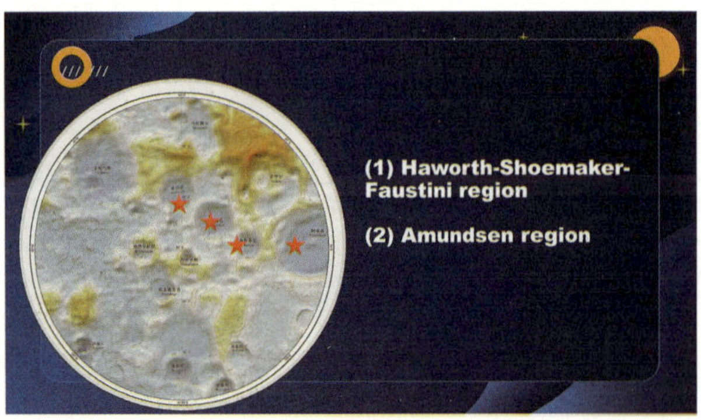

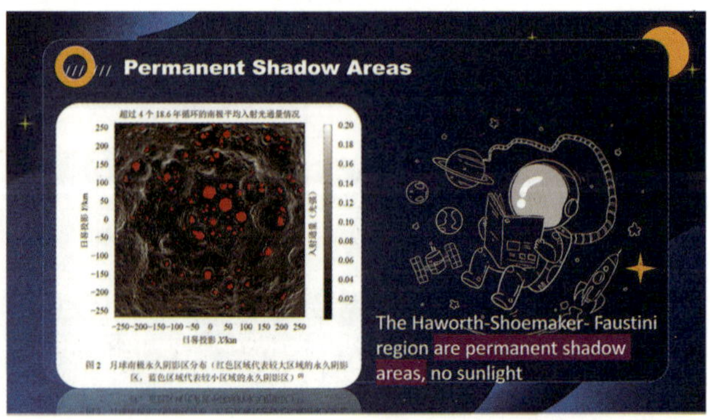

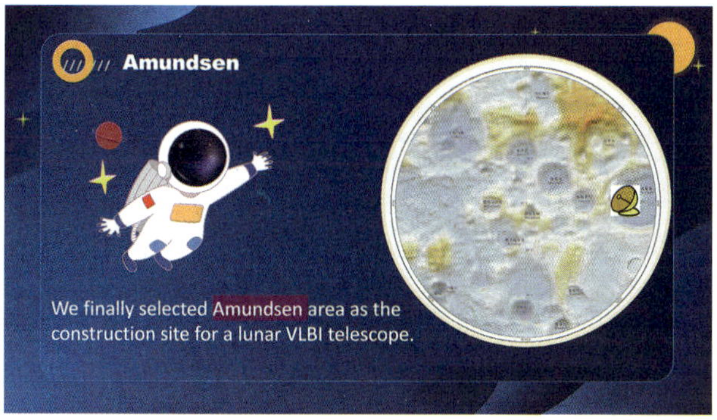

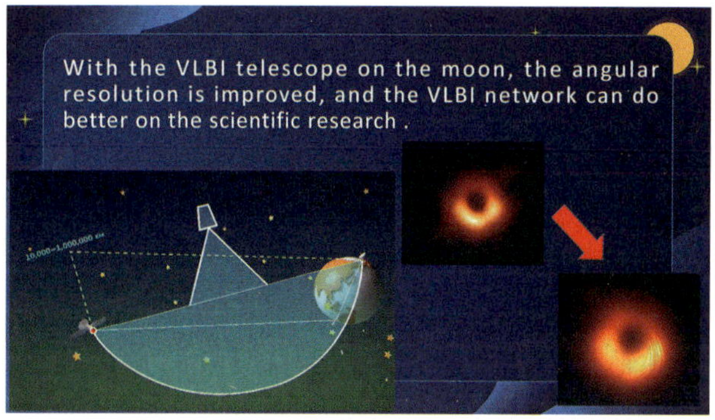

3. 点评

甚长基线干涉测量技术（Very Long Baseline Interferometry，以下简称 VLBI）是一种天文干涉测量方法：允许多个天文望远镜同时观测一个天体，模拟一个大小相当于望远镜之间最大间隔距离的巨型望远镜的观测效果。例如，由中国科学院上海天文台牵头的 VLBI 测轨分系统，目前由北京、上海、昆明和乌鲁木齐的四个望远镜以及位于上海天文台的数据处理中心组成，这样一个网所构成的望远镜分辨率相当于口径为 3 000 多公里的巨大的综合望远镜，测角精度可以达到百分之几角秒，甚至更高。

VLBI 是什么？ VLBI 技术的工作原理是什么？ VLBI 能应用于什么领域？这些问题是选择该主题的同学要重点关注和呈现给观众的。可能由于身处上海，不少同学对由上海天文台牵头的 VLBI 测轨分系统有所耳闻，又或者是由于大家关注了黑洞照片的新闻，知道黑洞照片的获取与 VLBI 有关系，使得选择地球与宇宙科学的同学们相当多同学选择了 VLBI。

命题作文的好处是能让观众发现谁用心查阅、梳理资料，真正理解了 VLBI 并生动陈述出来。因为如果参赛者没有用心挖掘，很可能所讲的内容和其他很多同学要讲的内容类似。对于未来的参赛者，建议也这样换位思考。在准备了一篇内容之后，可以反问自己，准备介绍的内容是不是能够很轻松地从某篇科普文章中获取？如果是，那么就要小心了，应当问问自己：“它的工作原理是什么？重点是什么？我自己懂了吗？我自己不懂的这个方面，还能查阅什么资料？理解之后，我能不能用生动有趣的方式让别人也懂？”

在 VLBI 选题上脱颖而出的同学几乎都有一个共同点，就是比别人多走了一步，花时间和精力去挖掘和理解一些重要的问题。比如谈及 VLBI 工作原理时，几乎所有选择这个题目的同学都提及了“能够让多个在不同地方的望远镜同时观测一个天体，再通过后续相关处理，模拟一个更大口径望远镜的观测效果”，但在此基础上还能说出什么故事呢？围绕这句话，针对如下问题的思考，观众就开始能看出大家理解的差别了。按照思考深度由浅及深，可列出如下进阶问题：1）“模拟一个更大口径望远镜的观测效果”中的更大口径与什么有关，是单个望远镜口径还是望远镜之间的距离（基线长度）；2）VLBI 的基础是时间同步或者相位同步，也就是前面那句话中的“同时观测”，那请问如何保证同时观测呢；3）VLBI 技术的工作过程是什么样的；4）工作原理中核心点在哪；5）为什么能模拟一个更大口径的望远镜呢？

本案例的作者们在故事讲述中就往前继续迈了一步。

4. 活动反思

黄玮彤　高子桐　耿苏楠

一、课题选择

2021 年 3 月底，英语组李芳老师下发了“2021 年上海市青少年科学思创活动”的通知。我们探月队本身就对宇宙科学方面有着浓厚的兴趣，经过迅速讨论，最终选择了宇宙科学主题中的甚长基线干涉测量技术（VLBI）作为我们的研究课题。

二、确定课题内容

确定课题方向后，我们小队先分头查找资料，对 VLBI 技术有一个大致的了解，包括概念、定义以及应用范围。通过文献分析，我们认为在月球上建立 VLBI 望远镜，拍出的照片可能会更加清晰。为了更快更好地完成报告，探月队的三位成员也做了分工。黄玮彤同学负责查找中国和世界 VLBI 建设工程方面的文献，进一步了解了中国目前的 VLBI 望远镜及其应用。高子桐同学负责收集资料并分析哪些地区更适合 VLBI 望远镜的架设。耿苏楠同学负责分析并对比较为适合作为 VILB 望远镜架设地址的月球选址。最后，小队成员进行学习交流，并一起完成研究报告。

三、科普英语活动过程

刚开始查找资料的时候，有些内容太过专业复杂，读起来非常耗费时间，读完后还是不能理解。针对这个问题，我们向父母寻求了帮助。他们建议我们先看资料的摘要，这样就能筛选出有用的文献。找到相关的资料后，不必通篇阅读，可以寻找大标题，筛选出对研究有利的段落细读，而专业术语可以通过上下文自行理解或者上网查阅。

当了解到上海佘山天文台就有 VLBI 射电望远镜后，探月队有了去天马山近距离考察的想法。2021 年 6 月的一个周末，我们来到了佘山脚下看“天马”—— 一台 65 米口径、全方位可转动的射电望远镜。虽然是望远镜，但是射电望远镜并不能“看到”满天星斗和美丽的星云。射电望远镜主要是用天线“倾听”来自

宇宙的声音，接收特定波段的电磁信号，将原始信息提供给科学家进行数据处理，解决不同的天文学问题。看完天马，我们探月队还走进佘山天文台参观中国的 VLBI 网，对于 VLBI 技术有了更加深刻的感性认识。

复赛后，专家也对我们的课题提出建议，例如如何更加清晰的展示 VLBI 的工作原理，与其他测定技术的区别等，我们也参考他们的建议，对照演讲稿进行了仔细修改。

四、演讲准备

怎样才能有趣而清晰地表述 VLBI 技术呢？这也是我们探月小队一直思考的问题。一开始我们尝试每个人介绍一段内容，可这样的表达方式显得有些常规，不那么有趣。后来我们小组成员想到用对话的方式来展开 VLBI 技术的科普。从一张黑洞照片开始，你一言，我一语，谈到 VLBI 技术，聊起国际上和中国 VLBI 网的应用范围，在月球上建设 VLBI 望远镜的构想。这种形式我们觉得很棒，于是很快就写好了自己的演讲稿。

为了让表达更加清晰、完美，小队也利用周末和平日的晚上反复练习。大到演讲内容，小到每一个单词的发音，我们都不断修改、打磨。李芳老师为我们提供课堂展示机会，锻炼了我们的公开英语演讲能力。

五、总结与展望

通过这次科普英语活动，探月队成员的收获有：（1）学到了许多关于天文方面的专业性知识，丰富了自己对天文宇宙和空间科学的认识。（2）知道了分工合作的重要性。我们最终能获得一等奖也是因为充分发挥了团队合作的优势。（3）学习了如何查找文献，以及寻找文献中重要知识的提取方法。（4）体会了如何创新以及创新的重要性。（5）敢于在讲台上自信地表现自己。

科普英语活动为我们中学生提供了一个良好的学习平台。通过项目化的学习，我们将英语与学科专业结合起来，锻炼自己的英语口语和沟通交流能力。我们期待未来具备更强的科学创新思维，也能够更加独立地完成这类课题。

四、工程技术

（九）智慧农业
Old Macdonald's Day on His Smart Farm

华育中学　蔡麦克斯

指导老师　王　珊

1. 我的科学故事

Old Macdonald's Day on His Smart Farm

Hi, everyone. My name is Max. Nowadays, Climate change, land use, water use, making food is becoming ever more difficult. Digital transformation is changing the whole agricultural world. IoT and data-driven techniques are creating greater opportunities for Old Macdonald's Farm 2.0. Here is old Macdonald's house, which is not far away from his farm.

Old Macdonald's farm 2.0 has three parts: Vertical farm 1, Dairy farm 2 and Crop farm 3.

It is 8:30 am, Old Macdonald worked at his Vertical Farm 1.

Vertical Farm 1 works by placing plants in multiple layers above each other in a closed room, where they grow under artificial light and the climate there is completely under control. The primary goal of vertical farming is maximizing crops output in a limited space.

Old Macdonald says: "Our plants grow in the most optimal conditions. With new technology, the full-process is mostly automated".

Vertical farming can save a lot of land, and uses only 5% water with 390 times productivity compared to traditional farming. No pesticides are used, and no chemical is needed. You can grow literally anywhere even in the middle of the desert.

At 10:00 am, Old Macdonald made a video call with Seani, one of his big business partners. they discussed about how Dairy Farm 2 can increase its milk production with technologies like "Internet of things" (IoT).

Old Macdonald's Dairy Farm 2 can hold about 4 500 heads of dairy cows. Old Macdonald has equipped every cow with hardware device which consists of different sensors and GPS tracking unit. IoT and data-driven techniques are used to track down animal health and other key behavior to increase the output.

By the way, let's get to know more about IoT. IoT is a system of interrelated computing devices, machines, objects, animals or people that are provided with unique identifiers and the ability to transfer data over a network without requiring human-to-human or human-to-computer interaction.

IoT applications in Dairy Farm 2 are as fellows.

Cow Monitoring: With sensors and other IoT-based devices, farmers can collect data regarding the location, environmental conditions (such as temperature, humidity, pressure, wind speed and direction), cow health and other parameters via 4G/5G Internet.

Data analyzing: Data analyzing helps farmers observe cow wellness from anywhere.

Decision making: Automatic supply system can automatically fills with water and food for each cow according to its condition. Sick or pregnant cows can be identified and separated from the herd.

As a result, with proper feeding, milk yield rises. Dairy Farm 2 used to produce 125 tons of milk daily, almost 28 liters per cow per day before using IoT, but now it produces milk 33 liters per cow a day, and this is an impressive 18% more than in the previous.

Dairy Farm 2 provides higher quality products with lower costs, what's more, it's easier to clean on Dairy Farm 2.

At 2:00 pm, Old Macdonald received an order from Terry, one of his retailers.

Terry wanted to order large amounts of crops from Crop Farm 3.

Crop Farm 3, a truly hi-tech farm, is famous for its pollution-free, high quality and nutritious crops.

The advantage of Crop Farm 3 lies in making use of cognitive technologies that helps farmers understand, learn, interact, and increase efficiency.

IoT and Big data technologies are also used on Crop Farm 3. By analyzing and correlating information about weather, types of seeds, soil quality, probability of diseases, historical data, marketplace trends, and prices, farmers will provide insights into crop production.

Here are some key "game changers" on Crop Farm 3: Drones are used throughout the crop cycle.

With those technologies, Crop Farm 3 can reduce costs, improve production efficiency, responds faster, and make better decisions.

Now Old Macdonald has finished his work. It was an ordinary day for Old Macdonald on his Farm. Welcome to join Old Macdonald's farm 2.0.

Thank you very much!

2. 设计展示（部分）

Old Macdonald's farm 2.0
• Vertical Farm 1
• Dairy Farm 2
• Crop Farm 3

Work at Vertical Farm 1
at 8:30 am

What's Vertical Farming ?
Vertical farming, is by placing plants in multiple layers above each other in a closed room, where they grow under artificial light and the climate is completely maintained.

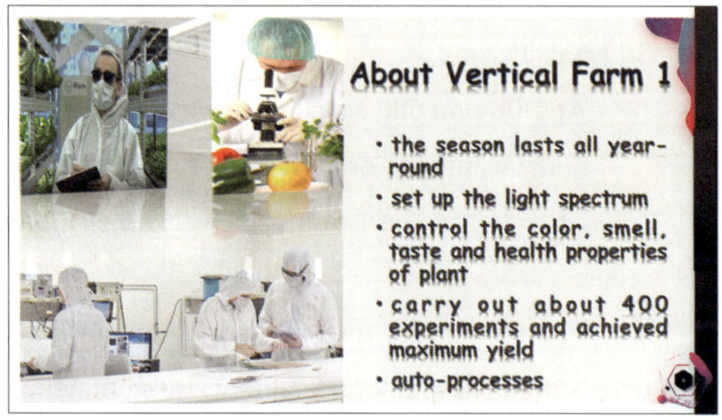
About Vertical Farm 1
• the season lasts all year-round
• set up the light spectrum
• control the color, smell, taste and health properties of plant
• carry out about 400 experiments and achieved maximum yield
• auto-processes

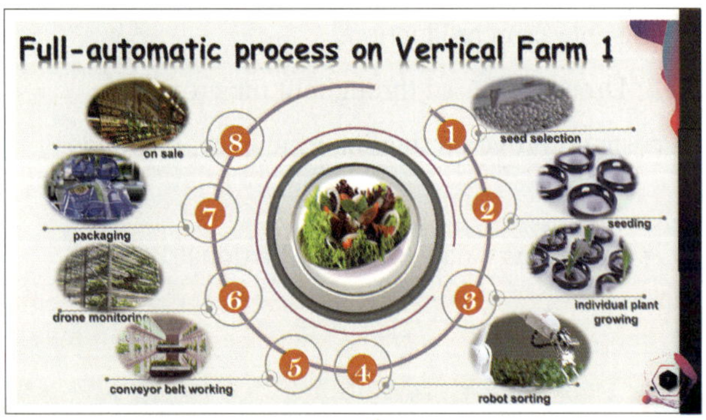
Full-automatic process on Vertical Farm 1
1 seed selection
2 seeding
3 individual plant growing
4 robot sorting
5 conveyor belt working
6 drone monitoring
7 packaging
8 on sale

Benefits of Vertical Farm 1
95% Less water
0 Pesticides
390 × Productivity
• save land
• without any chemicals
• grow literally anywhere
• the most optimal conditions
• Attract younger generations
• Adaptable, scalable and efficient

A conversation with Seani
at 10:00 am
How to increase milk production with Internet of things (IoT) on Dairy Farm 2 ?

Welcome to Dairy Farm 2
Dairy Farm 2 can hold about 4,500 heads of dairy cows.

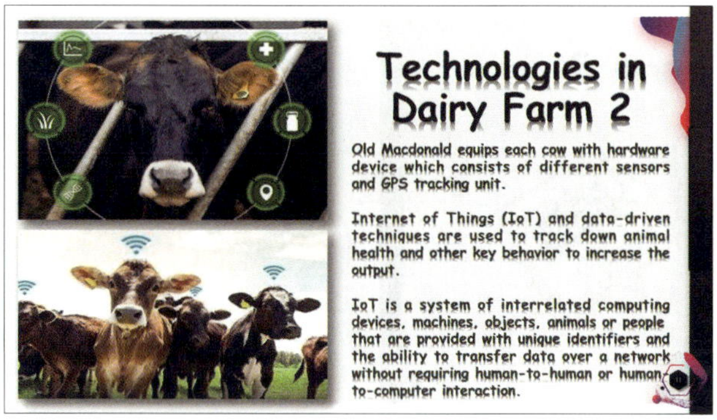
Technologies in Dairy Farm 2
Old Macdonald equips each cow with hardware device which consists of different sensors and GPS tracking unit.
Internet of Things (IoT) and data-driven techniques are used to track down animal health and other key behavior to increase the output.
IoT is a system of interrelated computing devices, machines, objects, animals or people that are provided with unique identifiers and the ability to transfer data over a network without requiring human-to-human or human-to-computer interaction.

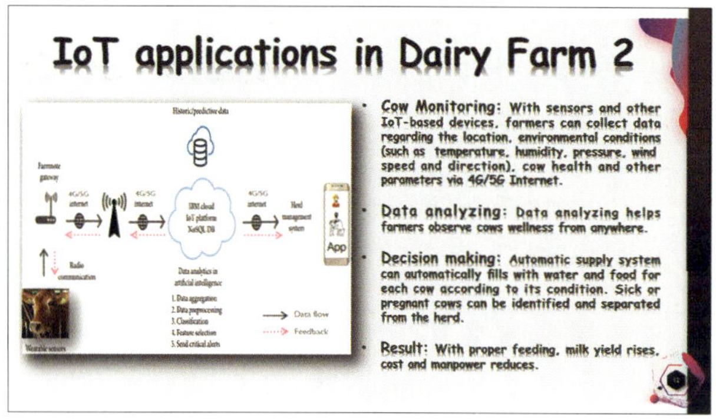
IoT applications in Dairy Farm 2
Cow Monitoring: With sensors and other IoT-based devices, farmers can collect data regarding the location, environmental conditions (such as temperature, humidity, pressure, wind speed and direction), cow health and other parameters via 4G/5G Internet.
Data analyzing: Data analyzing helps farmers observe cows wellness from anywhere.
Decision making: Automatic supply system can automatically fills with water and food for each cow according to its condition. Sick or pregnant cows can be identified and separated from the herd.
Result: With proper feeding, milk yield rises, cost and manpower reduces.

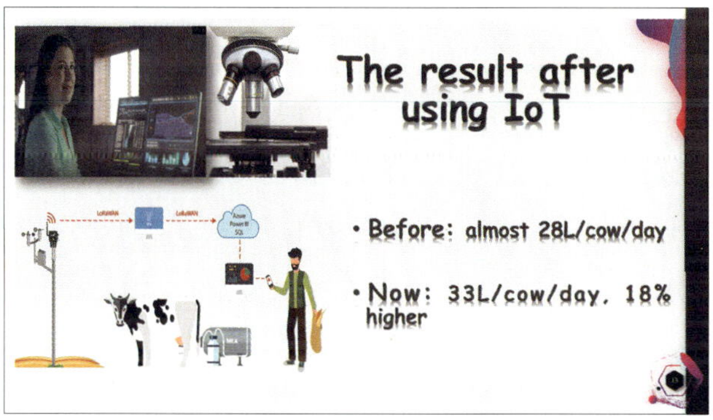
The result after using IoT
Before: almost 28L/cow/day
Now: 33L/cow/day, 18% higher

Benefits of Dairy Farm 2
Better Quality Products
Lower Prices
Easier to Clean
Auto-processes
Higher productivity
Work around the clock
Better decision making

An order from Terry at 2:00 pm
Terry wanted large amounts of crops from Old Macdonald's Crop Farm 3.

Crop Farm 3, here we are

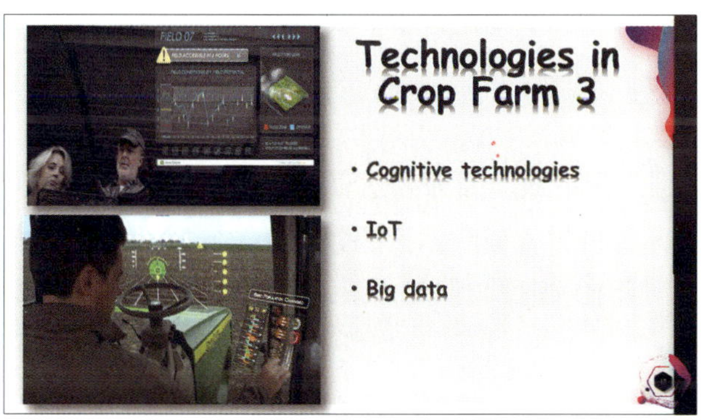
Technologies in Crop Farm 3
Cognitive technologies
IoT
Big data

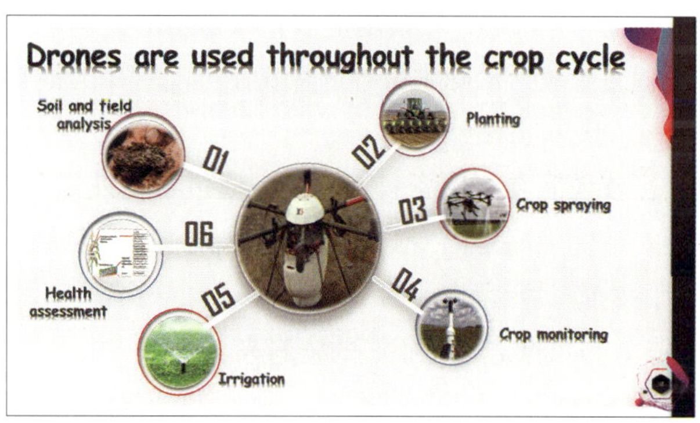
Drones are used throughout the crop cycle
Soil and field analysis
01
Planting
02
Crop spraying
03
Crop monitoring
04
Irrigation
05
Health assessment
06

3. 点评

蔡麦克斯同学巧妙地使用对“农场主的一天”的记录形式介绍了三种智慧农业技术。首先，在垂直农场技术方面，详细介绍了全自动种植技术在垂直农场的应用，从节水、无污染以及提升产量方面来介绍垂直农场的好处。接下来，介绍了物联网技术在监控奶牛产奶的作用，详细介绍了数据采集、分析、决策的完整技术路线，并且对使用物联网技术对产量的提升与优势做了分析。最后，介绍了物联网、大数据与认知科学在农场播种、撒药、收割等方面的作用与优点。整个作品形式非常新颖，内容非常丰富，对技术的介绍与优势非常详细。虽然看起来内容较为分散，但始终围绕智慧农业的主题，并且用了三个例子来说明。白璧微瑕，建议在每部分将重点内容做些强调，以免造成焦点模糊。

4. 活动反思

蔡麦克斯

“2021 年上海市青少年科学思创挑战活动”虽然早已落幕，但留给我的记忆却非常深刻。对我来说，这是一次全新且非常难得的体验。

一、准备工作及过程

为了参加这次活动，我做了充足准备工作：（1）选题。（2）准备材料。（3）内容设计。

（1）选题

准备过程中，第一步且是最重要一步就是选题。智慧农业，从表面看是数字技术在农业的应用，但其本质是农业的数字化转型。通过数字化转型，智慧农业能解决当前的许多问题，如全球经济、食品短缺及安全、气候等难题，这是我选择这个主题的首要理由。另外，人们对农业存在着“脏、累、没有技术含量”等误解，尤其是生活在城市里的我们，对农业及智慧农业知之甚少。我决定多做功课，深入了解智慧农业，消除大家对智慧农业可能存在的误解。

（2）准备材料

首先需要查阅资料。我发现通过百度搜索“智慧农业”行不通，因为多达百万条的信息让我无法下手。最优策略是向专业学术资源网站求助，例如 Springer 等世界权威学术资源数据库。同时，收集世界范围内有关智慧农业的最新资讯，才能了解“智慧农业”目前的先进与创新成果。《今日美国》《华盛顿邮报》等报纸杂志也是很好的资料来源。

（3）内容设计

单从智慧农业涉及的技术来说，有很多可供选择的话题，如：人工智能、物联网、大数据、云计算、机器学习等。而这些技术又广泛应用于农作物栽培、养殖业、畜牧业等领域。智慧农业涉及的领域、技术和应用非常广泛，该如何选取我要讲的内容也是一个难题。

我计划在这次科普英语活动中，以中学生的视角、简单直观地向大家介绍智慧农业相关的科学知识。考虑到准备时间紧，题材领域又十分广泛，我决定选取几个最有代表性的智慧农业典型应用实例作为演讲内容。同时，我采用了“内容场景化设计”方式，把我选择的智慧农业典型应用案例融入一个具体场景当中，这样我演讲的大体框架就初具雏形了。

二、遇到的困难及得到的帮助

第一，查阅资料困难。怎么查？在哪里查？最开始我犯的一个错误就是去百度上查资料，毫无效果。爸爸妈妈告诉我如何查阅学术期刊资料，如何搜索国际报纸杂志和专业报告，经过不断努力和尝试，我才终于搜索到所需要的最新、最权威可靠的有关智慧农业的资料。

第二，制作高质量的 PPT 也是我遇到的一大难题。选择的模板要让人看上去赏心悦目。还要收集在 PPT 中占据很大篇幅、且与主题相关的图片，通过对收集而来的图片进行筛选力求将 PPT 做到清晰，一目了然。

在准备评委提问环节时，我也花了较多心思。遇到困难时，爸妈总是引导我积极思考，在我退缩时给我鼓励和建议，对我的演讲提出不少修改建议，尤其是即兴回答环节。他们提出了很多问题并和我一起思考问题的答案。他们的问题涵盖了与智慧农业有关的技术、经济、环保、人才、安全等方面。在和爸妈的交流以及搜寻答案的过程中，我对国家乃至世界的农业问题有了更全面深入的了解。

三、收获

第一次参加上海市青少年科学思创挑战活动，我最大的收获是知道如何对一件事情做好充分的准备以及对智慧农业有了更多思考。通过这次活动，我全面深入了解了智慧农业所涉及的技术及其应用，以及由此产生的影响、农业的未来发展趋势、面临的机遇和挑战等。

四、心目中的科普英语

科普英语活动一定能让更多的青少年了解科技，了解科技在各行各业中的应用、发展趋势和面临的挑战，消除大家对某些领域的认知误区，吸引更多的青少年在未来加入其中，激励并促进青少年担负起科学与社会的使命，不懈努力，开创美好的未来。

（十）智慧农业
Artificial Intelligence Applied to Swine Industry

复旦五浦汇实验学校　周雨轩　向博闻　彭文轩[①]
指导老师　徐慕迅

1. 我的科学故事

Artificial Intelligence Applied to Swine Industry

Dear teachers and fellow students,

It's a great honor for us, Zhou Yuxuan, Xiang Bowen, and me, Peng Wenxuan, to be here and share our thoughts on Artificial Intelligence Applied to Swine Industry.

Firstly, I'll introduce why people should raise pigs with AI?

Statistics show that the average person eats half a pig every year in China. However, despite of the massive demand and pork's high price, many farmers are still not keen on raising pigs.

It may attribute to the disadvantage of traditional pig raising.

Briefly, the traditional pig raising is hard, dirty, messy and tiresome while the cost of workforce, feed, land and death rate is high. So, the profit is low. The worst of all, if the pigs, unfortunately, caught up with swine fever, the farmer will lose everything. As we know, the acute African Swine Fever's death rate is 100%. The pork's safety and quality are difficult to control. All these have discouraged farmers' enthusiasm in raising pigs.

In AI pig farms, people can trace each pig's origin. Once there is a food safety problem, people can find out the infected pork in time to minimize the losses and protect the consumers. We can ensure that we eat safe and high-quality pork. That's what traditional pig raising cannot make.

Raising pigs with AI makes farmers'work efficient, and they can earn more money. Why not raise pigs with AI?

However, I really wonder how AI raise pigs so efficiently?

P: Do you know the basic process of AI pig raising?

X: Yes, I do!!!

AI pig raising solves the below problems of traditional pig farmers:

1. It solves the problem of dirty, messy and tiresome aspects of swine industry.

2. It avoids the large-scale swine fever and reduce the loss cost by disease.

3. It improves pig production, pork quality and safety, and solve the problem of low income in swine industry.

AI pig raising can be divided into three stages: massive data collection, data analysis and data

① 案例中，周雨轩简称 Z，向博闻简称 X，彭文轩简称 P。

management. Massive Data is the first stage of Artificial Intelligence.

Z: That's right, but how can AI collect the most accurate data?BRO?

X: Before we get right to the point, let me explain three technical terms first.

Computer vision technology: It can simulate human vision function and is used for actual detection, measurement and control.

IoT is internet of things. It makes the intelligent identification, positioning, tracking and supervision possible.

RFID is Radio Frequency Identification. It is a non-contact data communication between the reader and the tag, so that AI can identify the target easily.

However, With the help of computer vision, IoT and RFID, AI can easily identify which pig is the 'Peppa Pig'.

P: I have a question: how does AI analyze the data to manage the farm?

X: OK. Let me tell you how AI completes this work.

Quite similar to human brains, AI doesn't have the ability to create data. But it is much more powerful than the human brains when analyzing the data.

At this stage, AI algorithm analyzes whether the data is in the normal range from enormous samples with the help of its deep learning ability.

AI algorithm can also make the trend prediction. For example, according to massive data, AI can predict the worst-case infection area of a group of pigs.

Z: How on earth can Artificial Intelligence manage the farm?

X: Alright, let's get to the third stage: AI automation management.

At this stage, the analyzed data will be submitted to realize the automation management.

If the data of pigs with abnormal body temperature is received, it will automatically generate instructions to arrange for immediate treatment and isolation to prevent other pigs from being infected.

X: What are the advantages of AI swine industry?

Z: I'll let you know.It's hoped that the industry will be booming, safe and low-cost pork will appear in the market soon and the efficiency will be high.

Let's have a look at a successful case:

Ding Lei has decided to raise pigs by AI in 2009. In 2015, he invited several IT bigwigs to taste the pork. By late 2016, He had sold 20 000 pigs. The picture shows that AI can help pigs become healthy and happy.

Now let's look at the screen to find out what advantages AI pig farming have.

Also, we made a data comparison between traditional pig farming and the AI one after research:

By applying AI, the death rate of pigs can reduce around 3%, and it can also save at least 10% of pig food and 95% of space.

About labor costs, take a 20 000-scale pig farm as an example. Traditional one requires 48 people, while AI requires only 13 people. The annual salary of employees accounts for 3.3% of the annual operating income. It's 35.2% of the yearly profit.

AI can save 72.9% of workforce. Employees become technical workers, whose wages are slightly higher, but they can still save 40%~50% of their salaries.

Let me introduce how the pigs' lives in an AI pig farm are like.

First, They enter the room to have breakfast. Pig food is placed in a trough in the feeding machine. After 6 minutes, the trough close automatically. That shows the time control system is automatic.

When it comes to swine fever, the first infected and close contacts are quarantined. Other pigs won't be killed because of the fever. That shows AI can prevent swine fever from spreading.

P: Are there any disadvantages of AI pig raising?

Z: The devices are expensive. Ordinary farmers can't afford it. Only huge companies can afford it, but in short, AI one has more advantages.

That's all. Thank you for your listening and we enjoyed the unforgettable experience stating our research topic.

2. 设计展示（部分）

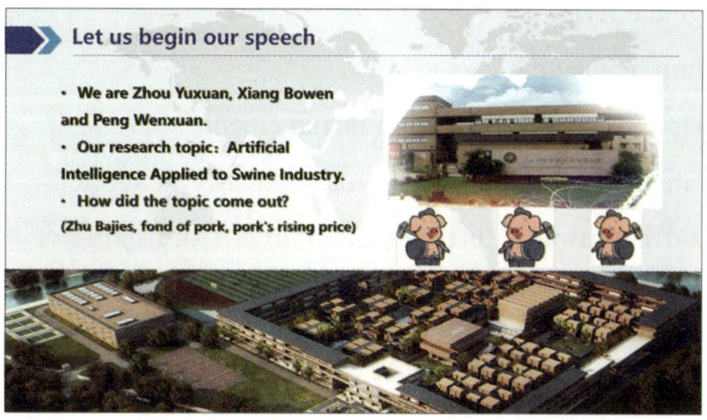

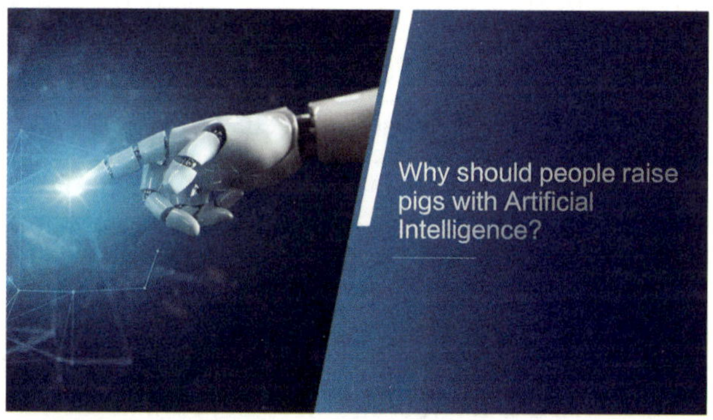

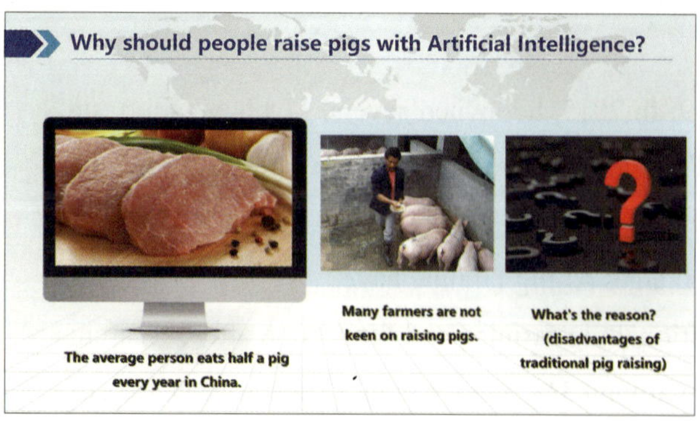

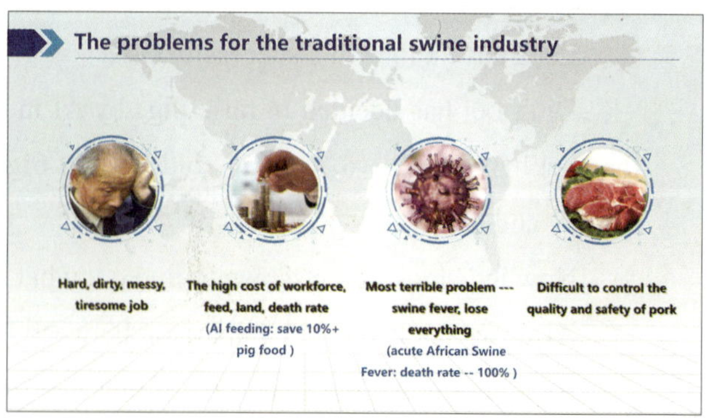

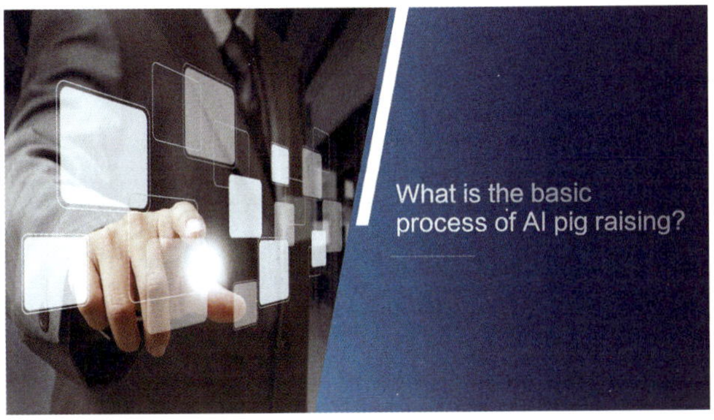
What is the basic
process of AI pig raising?

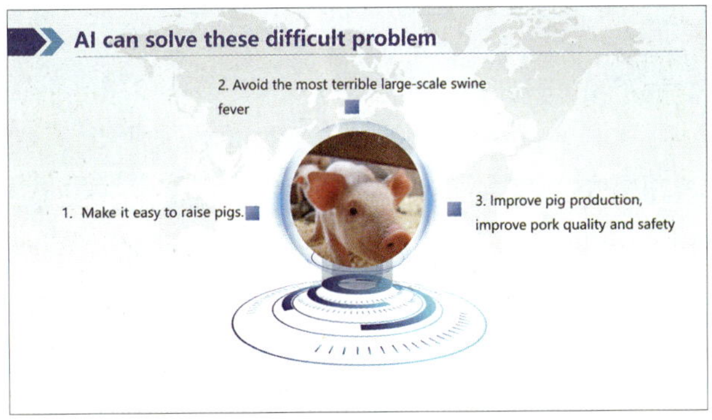
AI can solve these difficult problem
2. Avoid the most terrible large-scale swine fever
1. Make it easy to raise pigs.
3. Improve pig production, improve pork quality and safety

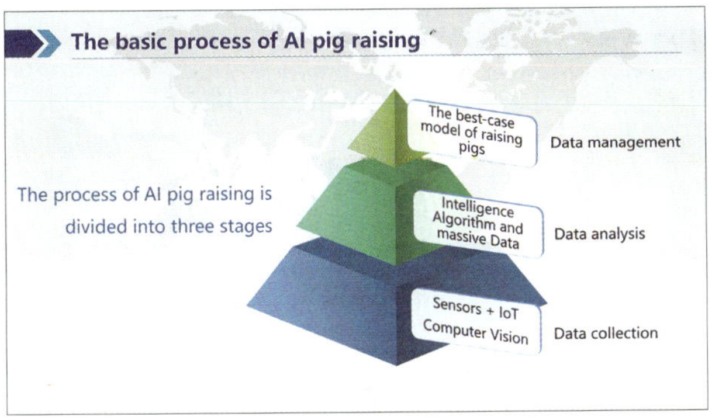
The basic process of AI pig raising
The process of AI pig raising is divided into three stages
The best-case model of raising pigs
Data management
Intelligence Algorithm and massive Data
Data analysis
Sensors + IoT Computer Vision
Data collection

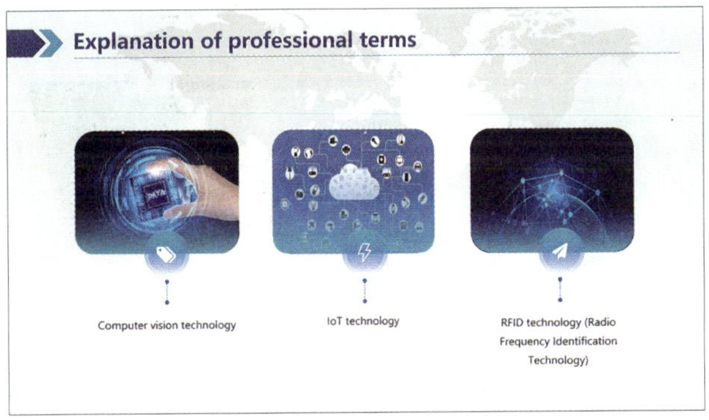
Explanation of professional terms
Computer vision technology
IoT technology
RFID technology (Radio Frequency Identification Technology)

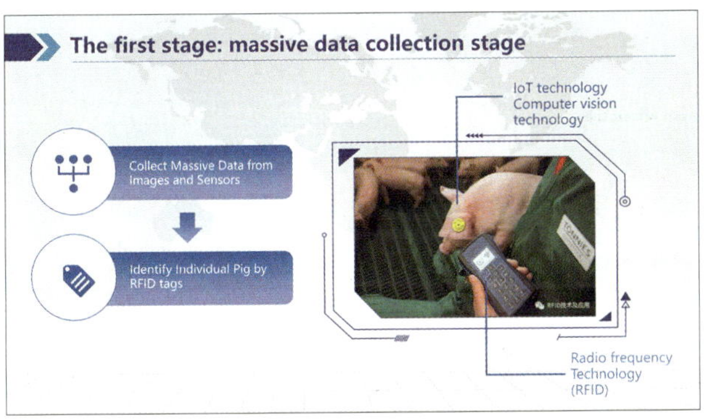
The first stage: massive data collection stage
Collect Massive Data from Images and Sensors
Identify Individual Pig by RFID tags
IoT technology
Computer vision technology
Radio frequency Technology (RFID)

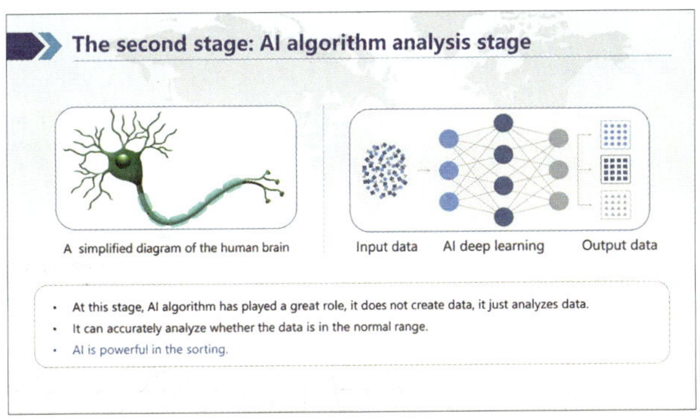
The second stage: AI algorithm analysis stage
A simplified diagram of the human brain
Input data
AI deep learning
Output data
At this stage, AI algorithm has played a great role, it does not create data, it just analyzes data.
It can accurately analyze whether the data is in the normal range.
AI is powerful in the sorting.

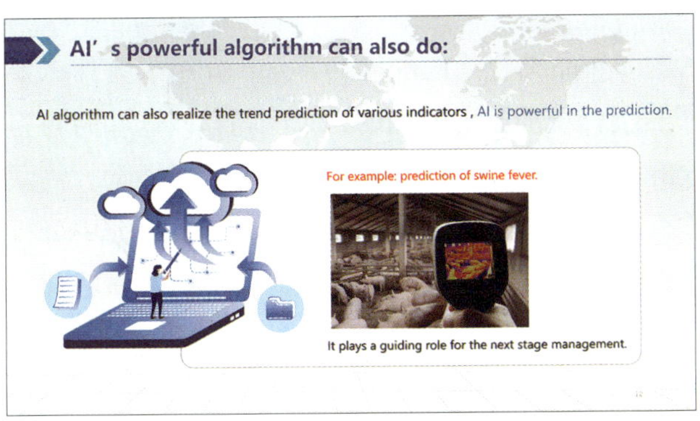
AI' s powerful algorithm can also do:
AI algorithm can also realize the trend prediction of various indicators , AI is powerful in the prediction.
For example: prediction of swine fever.
It plays a guiding role for the next stage management.

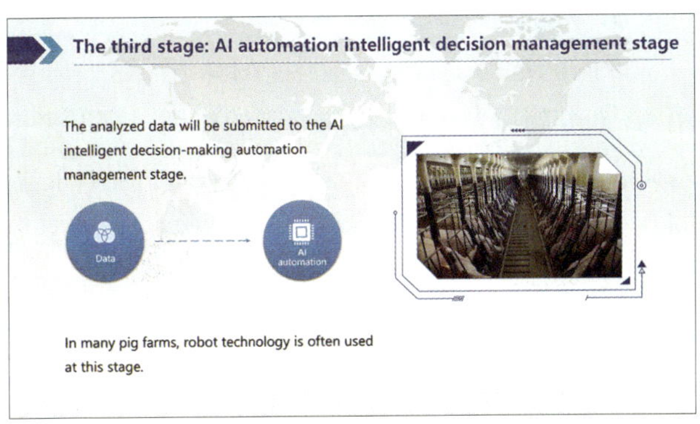
The third stage: AI automation intelligent decision management stage
The analyzed data will be submitted to the AI intelligent decision-making automation management stage.
Data
AI automation
In many pig farms, robot technology is often used at this stage.

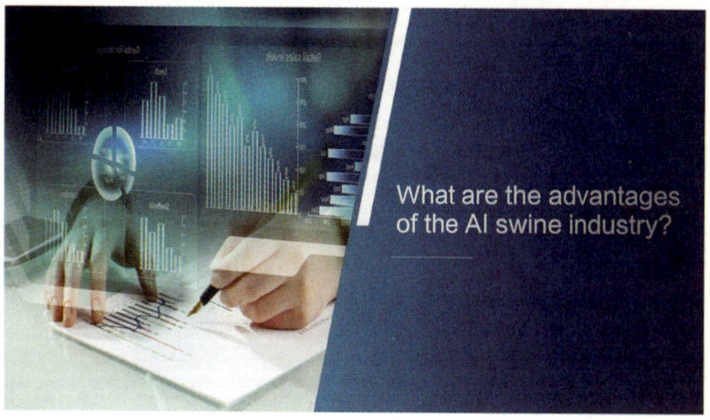

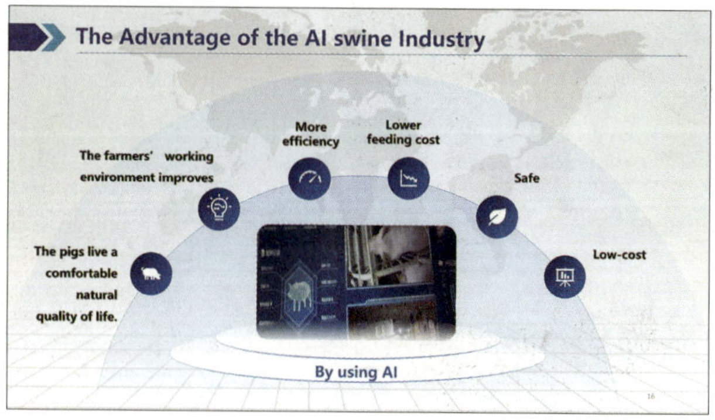

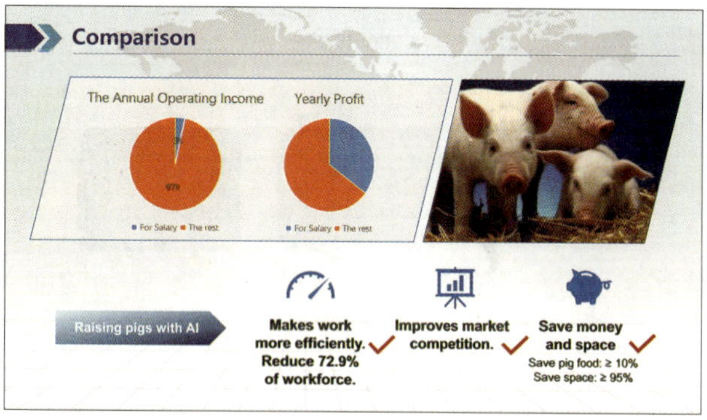

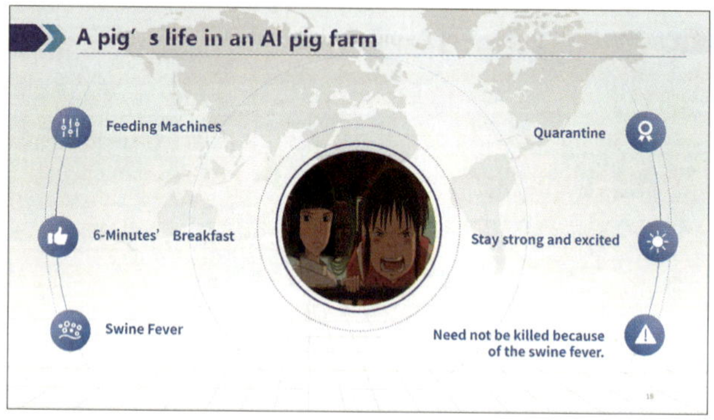

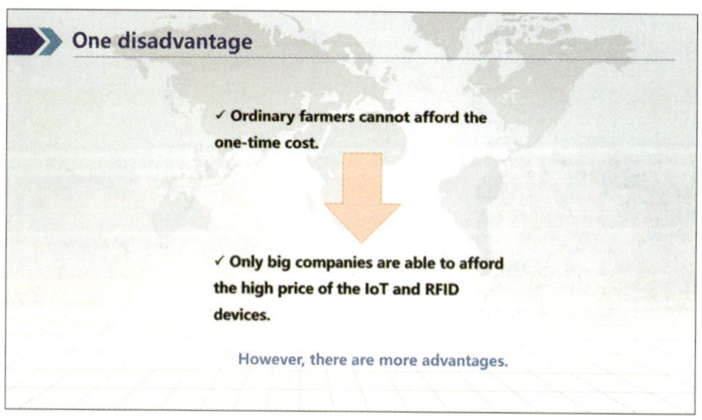

3. 点评

该团队选择了智慧农业中“AI 养猪”这一时髦的话题。作品结合猪肉涨价的背景，介绍了为什么要用 AI 来养猪以及 AI 养猪能起到的作用。接下来点出了目前传统养猪业遇到的四大问题，以这些问题为基础，将 AI 应用到这些问题中，探讨了数据采集、分析与管理的全过程，并将对其中机器视觉、物联网与 RFID 技术进行了解释，使用通俗易懂的方式解释了 AI 的工作原理。最后从网易养猪的研究中分析了 AI 对养猪的优势，也介绍了 AI 养猪存在的问题。作品整体逻辑非常顺畅，前后呼应，对难懂的部分做了特别解释，也从实例上证明了技术的有效性，是非常引人注目的作品。

4. 活动反思

周雨轩　向博闻　彭文轩

由于各种原因，2020 年猪肉价格很贵。我们三个人都属猪，又喜欢吃猪肉。所以当我们决定参加“2021 年上海市青少年科学思创挑战活动”的时候，一致选定了这个课题。我们上网查询资料，做出了初版的演讲稿和 PPT。

虽然我们的课题已有了雏形，但并不是一份令人满意的答卷。幸运的是，家长给我们找了专业人士做指导老师。

老师首先认可了我们的。告诉我们，我们的想法很有现实意义。我们三人都很受鼓舞。

然而，老师也提出了批评意见——认为我们通篇都在说专业术语，而且缺乏逻辑性，让人难以明白。

老师用浅显易懂的语言，让我们了解了准备的四个用来介绍 AI 养猪技术中的三个——机器人技术、IoT 技术、RFID 技术都不是 AI 技术。IoT 和 RFID 都是为 AI 提供数据的技术。而机器人技术是 AI 做出决策之后用来自动化落实 AI 决策的技术。它们是 AI 养猪中重要的环节，却不是 AI 本身。只有计算机视觉技术是 AI 技术。老师告诉我们，AI 自动化管理一般都经历三个阶段：数据收集阶段，数据分析阶段，数据管理阶段。

我们对演讲稿和 PPT 进行了大幅度的修改，梳理逻辑条理，改善细节。指导老师对我们每一页的 PPT 进行了分析，指出问题所在。我们分工合作，利用线上会议反复地讨论和修改。对我们来说，这项工作具有不小的难度。我们仔细琢磨了指导老师给我们的意见，花了一个星期重整 PPT。

随后，我们又去请教指导老师。这一次，指导老师表扬了我们的思路，但又提出讲稿开头中间结尾割裂，需要有前后呼应作为演讲的线索。另一位指导老师则认为，我们的讲稿缺乏趣味性，需要做得有趣更易懂。老师们还指出了我们 PPT 中粘贴大段文字和缺少数据和事例来支撑的问题，我们都一一做好记录。在课后一起讨论修改。

第二次修改期间我们也积极地寻求老师的帮助。令我们非常感动的是指导老师曾深夜还给我们意见反馈。一方面表扬鼓励我们，另一方面总能很敏锐地找出问题，而且用非常易懂的语言对我们解释清楚。我们根据指导老师的建议，在数次讨论后达成了一致意见。

我们的英语老师让我们在全班前试讲。有同学觉得有些词汇过于生僻难懂，所以我们有针对性地进行了修正，换掉了生僻词和复合句。

指导老师在百忙之中抽出时间再次为我们答疑并告诉我们 PPT 仍有提升的空间，更细致地对每一页的 PPT 提了建议。这次修改完成后，我们非常自信地反复排练，准备去参加区赛。

5 月 15 号，经过将近半年的准备，我们第一次登上演讲台比赛。在后面的答辩环节，其中一个老师认为我们的选材普通，不够突出 AI 养猪与 AI 养其他动物的不同，在形式上面也有很大的缺陷。团体合作效果欠佳；指出我们的演讲没有亮点，容易让观众失去兴趣。希望我们能认真修改。我们对这些问题进行了多次讨论。对于第一个问题，我们得出结论，AI 养猪的技术也可以用到养其他动物。但是 AI 养猪时会出现猪的不配合、猪脸难识别等问题，对技术提出了更高的要求。

决赛现场，针对评委提出的问题，我们做了相应修改。为了提升演讲的可看性，我们增加了互动环节，当讲到猪脸识别时，我们哼唱起了小猪佩奇的经典音乐。我们对自己的发挥感到满意。

大半个月之后，徐老师通知我们，获得了比赛一等奖，我们别提有多高兴了。从这次比赛中，我们领悟到了，只有不停地发现自己的不足，改善自己，才能取得进步。此外，团队合作也很重要。

经过这次比赛，我们也对科普英语的意义有了更深刻的理解。英语交流是国际化的体现，科普是科技走向大众的过程。学习科技知识，能让我们对科技和未来有更深的了解，开拓知识面；练习英语，能开拓我们的视野；练习演讲，能强化我们的表达能力，这是很重要的一种能力，我们受益匪浅。

（十一）人工智能
Drop the Mysterious Veil of BCI

上海新竹园中学　茹　轶　马梦媛　李晞彤①
指导老师　胡　昭

1. 我的科学故事

Drop the Mysterious Veil of BCI

L: Let us help you.

M: Let us help you listen to the clear sweet sound of the Triangolo, see the true color of the world, help you to communicate, walk faster, drink yourself a cup of coffee you have expected for a decade.

R: Let us help you to focus, turn on the light, or just play cool. Now, BCIs can turn your thoughts into action, let us help you, making your wishes come true.

L: Today we are going to drop the mysterious veil of BCI.

M: In 1924, Hans Berger recorded the brain signal for the first time. Since then, researchers have been questing for direct interaction between brain and external devices. They designed a BCI system consisting of electrodes and wires, a signal processor and external devices.

R: In this system, electrodes and wires can receive signals from the brain and send them to the signal processor, then the processor starts to translate the signals and send orders to the external device. It can also work the opposite way. If it works both directions, exchange between brain and devices is sure to be more interactive and efficient.

L: The earliest BCI recorded signals by placing electrodes on the scalp. They could only capture real-time electrical activity in the shallow part of the brain. It is vulnerable to muscle activities and electrical devices. So, scientists began exploring the idea of implanting electrodes into the brain, which could provide a high-fidelity recording including the deep brain, but can pose great risks like infection and brain damage.

R: Can we find a way to implant a brain-computer interface into the brain without surgery to collect high quality electrical signals from the whole brain?

M: I have an idea. To keep brain tissues healthy and to support nerve function, the blood vessels circulate throughout the brain, which provides us great access to brain. In the future, we can create a nanobot carrying BCIs which is tiny, able to travel through human body barriers, and can copy itself and expel itself out of body when the mission is done. People just need to take a pill, put a drop into their eyes, or have an injection to introduce it into the body, the nanobot can be navigated to the right place through laser, magnet or chemical means. When it is in place, it starts to duplicate itself, which enables BCIs to receive and send enough signals. When the mission is over, nanobots can be expelled

① 本案例中，茹轶简称 R，马梦媛简称 M，李晞彤简称 L。

out of the body, avoiding any damage or pollution to the brain.

L: Sounds great. Louis, how will you apply BCI if there are no technical barriers?

R: The COVID-19 made it impossible for me to stay by the side of my grandparents last Spring Festival. I want to create a simulation robot: another "me". The Internet connects real "me" and robotic "me". When I send him to my grandparents' home, he can do everything I want to do in my mind in real time. The countless sensors installed in the robotic "me" can collect and transmit the image, sound, smell, touch and taste to the computer, and then to BCIs at the other end through the Internet. It can also be used to complete all kinds of dangerous tasks, such as attending contagious patients, firefighting, space exploration, dangerous experiments and so on.

L: BCI technology can also turn myths into reality. I want to design a smart head band like Sun Wukong's gold hoop, which can be worn by people on parole with a risk for violence. When the head band detects the suspicious brain wave, it can send alarms and location information to the police station in time. When chance of severe violence increases rapidly, the head band can also trigger strong electric shock to instantly disable the potential killer. Crime prevention head band will make our society a safer place.

M: Brain-computer interfaces are a great revolution, and can now help people with severe paralysis recover or use mind-controlled devices to serve themselves. We believe, with the deeper understanding of brain and development of technology, BCIs must bring more new capabilities to enhance the life quality of human beings.

2. 设计展示（部分）

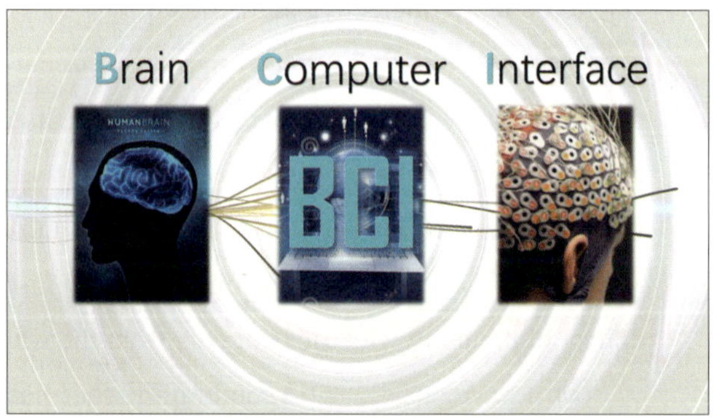

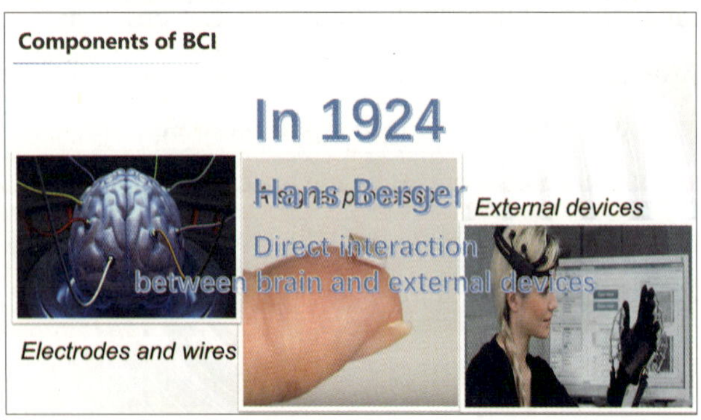

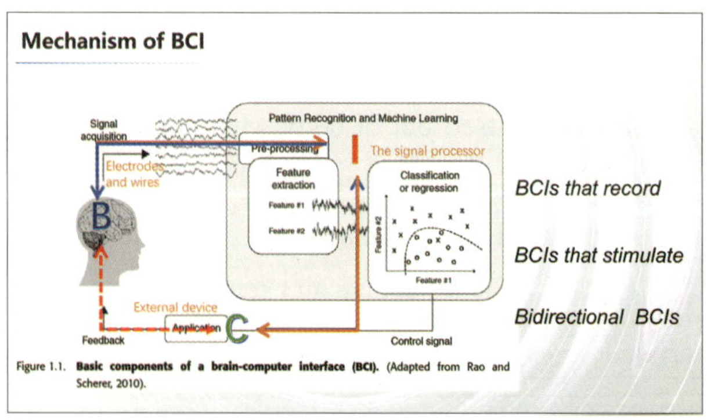

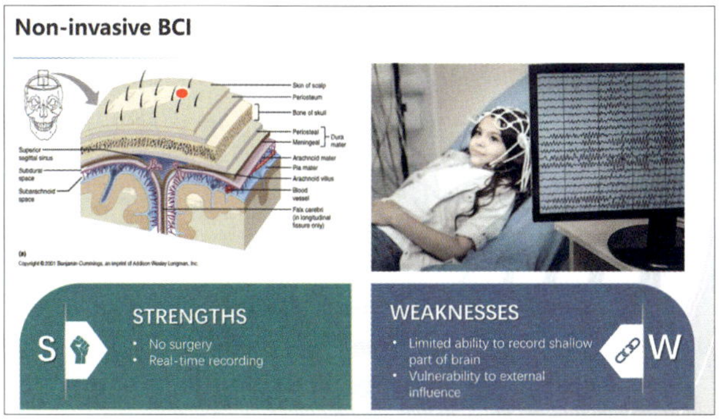

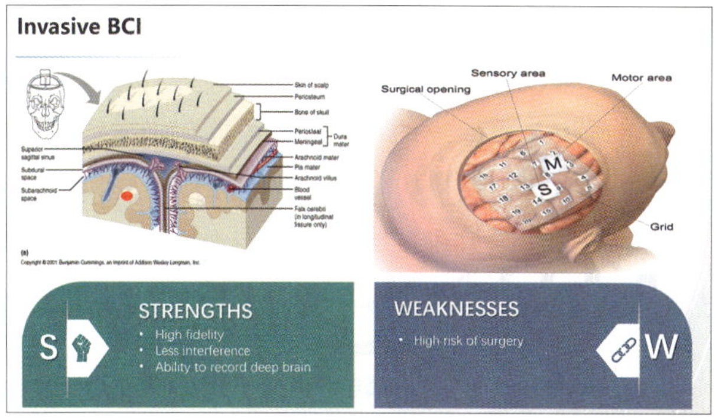

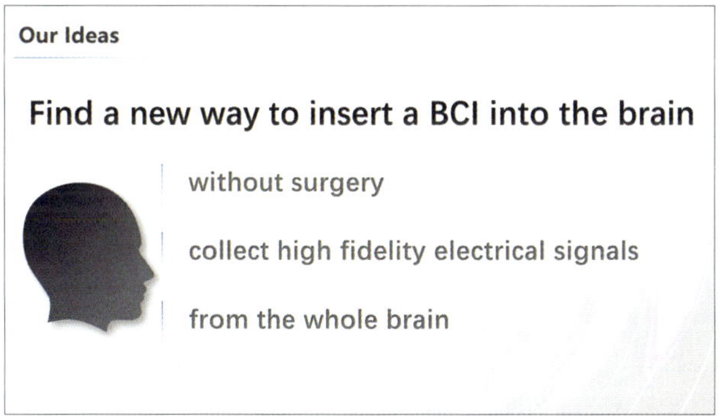

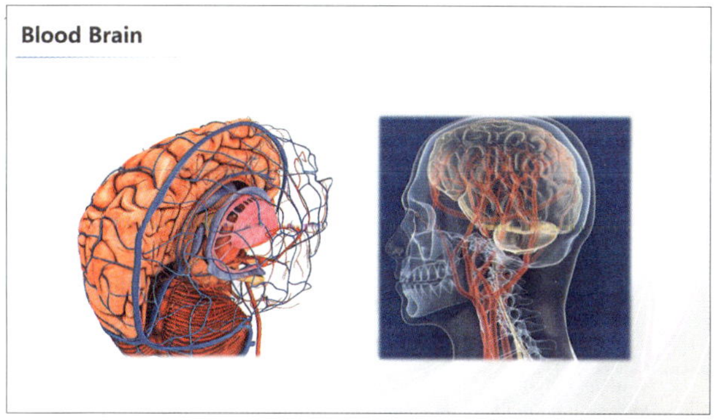

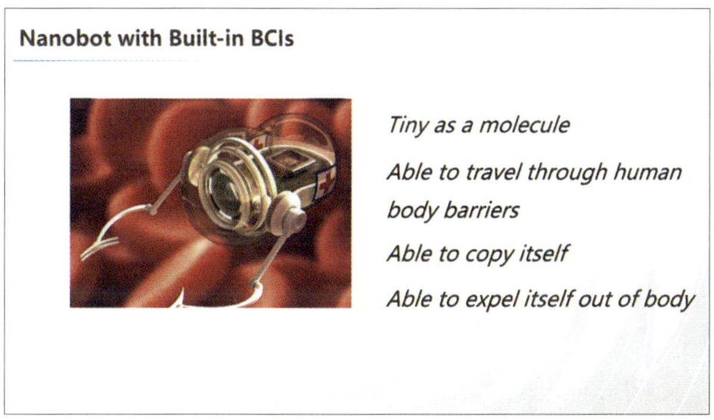

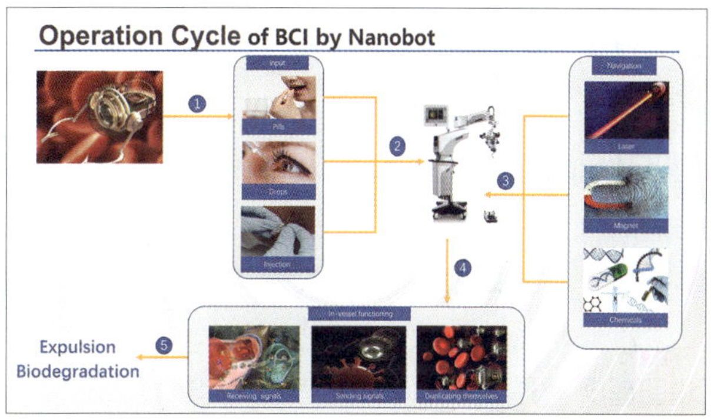

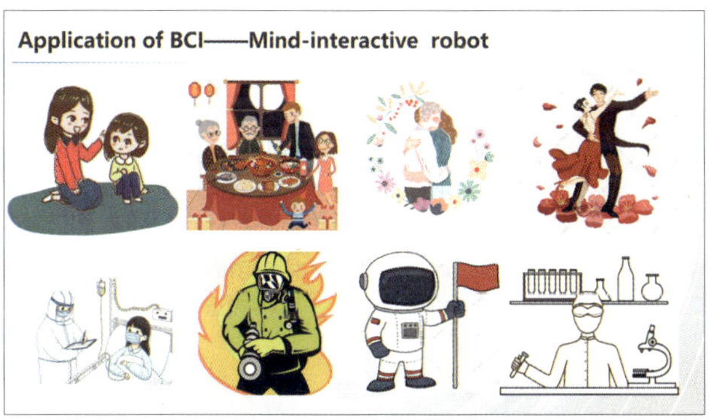

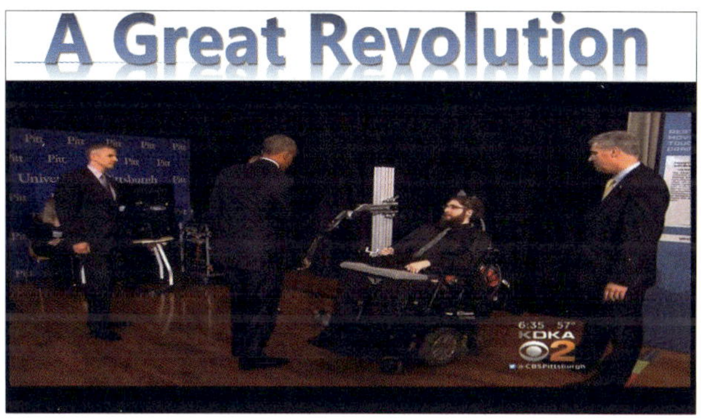

3. 点评

根据以下工程技术展示与撰写原则，结合此案例进行点评。

一、创新点

一般来说，方案的选题需突出重点，尤其是只突出一个中心和重点。在方案中，它的中心和重点就是创新点。因此，衡量一个方案是否具有研究价值，申请人是否对选题具有明确的思路，主要的标志就是看他是否能用一句话概括出方案的创新点。要特别注意的是，方案中最好只有一个最突出的创新点，所有研究思路和方法最好都基于这一创新点展开。事实上，抓住了这个创新点，接下来的很多事情就好办多了。按照这个创新点来构思和安排研究设计、组织研究内容就顺利多了，不会出现内容缺漏或重复的现象。

那么怎样才算是创新呢？如在本案例（Drop the Mysterious Veil of BCI）中，其选题所针对的问题可谓新颖，既聚焦了当前国际研究热点问题，又很好地将大的问题浓缩到一个领域分支（生物智能、人机交互），从选题价值的角度来看已经可以抓住眼球了。那么我们接下来需要关注的是，作者在这一问题上是否能够做出比较有深度、让人眼前一亮的展示了。

二、主旨凝练

在介绍和展示方面，需要注意主旨凝练。如果读者在一段时间以后还能讲出方案的主旨，这个方案就是成功的。尽管得出这个最后的主旨之前通常要经过一些创新步骤，但要有所侧重。方案应当聚焦在一个主旨上，同时关注多个方面会降低说服力和传播性。这一点最为重要，同样也较难执行，因为它要求作者直面科学的核心挑战，即在有数据和逻辑支持的前提下使主旨最为直观。

那么怎么样才能够算得上是主旨凝练呢？如在本案例中，其选题关注 BCI 及其对于人类社会的影响，取材于当今的研究热点，可以很好地引发读者的兴趣与思考，避免了选取一个广泛的课题所导致的空洞的、浮于表面的讨论。要突出主旨，最重要的元素是标题，读者所读的标题的数量要远大于方案。标题 "Drop the Mysterious Veil of BCI" 点明该作品深入浅出的叙述与展示方式，将距离大家生活较远的 BCI 技术以具象化的形式呈现出来，也很好的概括该方案的研究内容，使读者一目了然。围绕这一主题，作品能够清晰地把握方案整体的逻辑与结构：分别从定义、相关核心技术介绍、当前技术局限性、对问题的思考展开，涵盖了优秀作品需包含的要素，符合需传达的主题要求，每一部分内容紧凑，主题突出。

三、结构清晰

接下来我们再来看一下课题（PPT 和演讲稿）各部分的展示方法。一般来说，一个优秀的工程技术报告需要包含若干要素，分别为：研究意义、背景、现状；研究局限性；未来研究趋势的展望。显然，本作品已基本包含了这几个要素。接下来，我们按照这几个关键环节对作品具体分析。

作者以技术应用场景视频切入主题，这是值得称赞的：有声视频相比于图片、文字包含更加丰富的信息，也更容易抓住听众眼球。首先交代了该技术的起源："In 1924, Hans Berger recorded the brain signal for the first time. Since then, researchers have been questing for direct interaction between brain and external devices. They designed a BCI system consisting of electrodes and wires, a signal processor and external devices." 紧接着，作者详细介绍了 BCI 的核心技术、工作方式、优缺点等："In this system, electrodes and wires are supposed to receive signals from the brain and send them to the signal processor, then the processor starts to translate the signals and give orders to the external device. In the other hand, the device collects the required information from the environment and sends to the processor which transforms the feedback into the signal that the brain can understand, and delivers them to the brain through electrodes. It works in both directions to realize the information exchange between brain and intelligent devices."

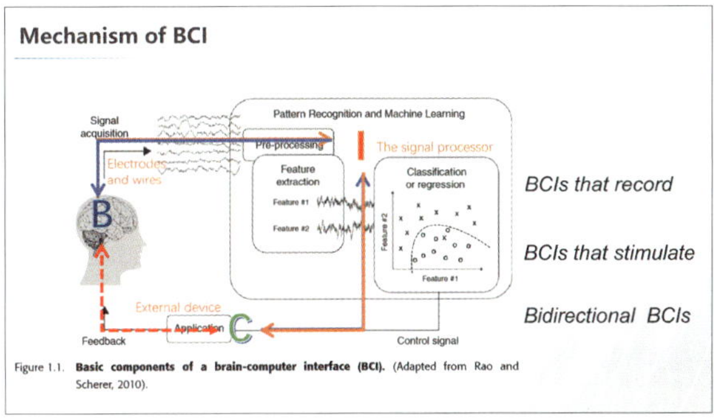

这一部分主要考察大家对信息的获取、删选和凝练能力。实际上，BCI 涵盖的技术范围十分广泛，如何在有限的时间里让听众初步了解这一问题是这一部分重点考虑的问题。这需要大家花一定的时间去真正理解该技术，并在理解的基础上做一定的取舍：要知道，清楚明白地讲清 BCI 涵盖的所有技术需要花费 10 课时左右的时间。显然，作者对内容的取舍做得很好：他们重点关注了一个重点问题以及这一问题的局限性，并对该问题进行展开："So scientists began exploring the idea of implanting electrodes into the brain, which could record high-fidelity signals from deep within the brain, but could pose a risk of pain, infection and brain damage." "I have an idea. To keep brain tissues healthy and to support nerve function, the blood vessels circulate throughout the brain, which provides us great access to brain ..."

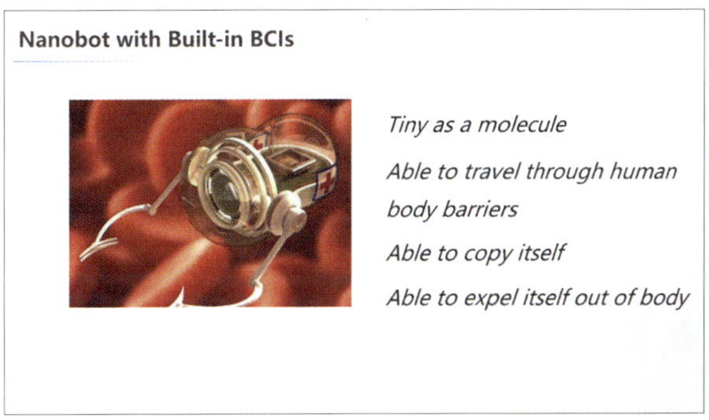

可以看出作者对于该技术已有一定程度的了解，并能够提出较为可行的解决思路，这是最为难得的。除此之外，作者显然也做了非常充分的应用场景分析与调研：

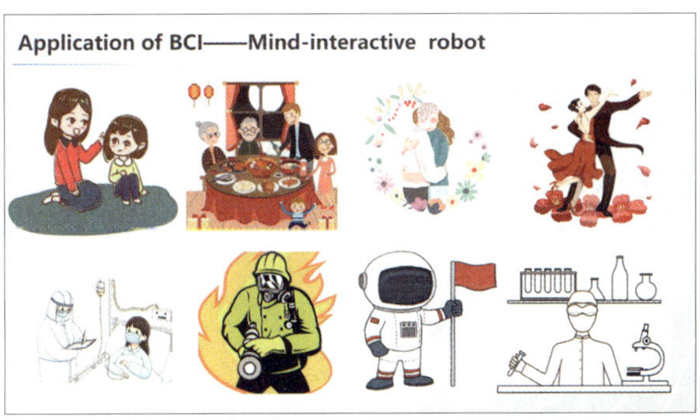

所列应用场景与社会民生需求息息相关，使听众与 BCI 技术的距离再次被拉近。最后进行该技术的展望："Brain-computer interfaces are a great revolution, and can now help people with severe paralysis recover or use mind-controlled devices to serve themselves. With the development of BCI technology, it will be more widely used, thus bringing better life to human beings." 非常全面地对展示要素进行了陈述，完成了收尾工作。

4. 活动反思

茹　轶　马梦媛　李晞彤

初知比赛时，同学们都跃跃欲试。但同时，无数个问号涌上我们的心头：什么是科学思创？如何参赛？如何在众多参赛者中脱颖而出……

于是，我们三人组团，开启了令人难忘的思创之旅。在网上寻找资料，召开讨论会议，确认主题，探讨如何来展现所思所想。经过一次次地讨论、选题，最终选定了"脑机接口"——BCI（Brain Computer Interface）作为参赛主题。

起初，我们本以为通过互联网寻找各种资讯，再将其整合在一起，就足以完成作品了。但渐渐地发现科学思创绝不是理论知识的堆积陈述和现有案例的简单罗列。信息非常多，该如何分辨选择？如何查阅利用最新和权威的英文资料？在举步维艰的时候，专业指导老师们带我们走出了迷雾。

经常在夜深人静时，我们通过网络和老师们进行交流。"同学们，作品的整个结构逻辑性表达上还需要提高，另外在深度和广度上需要去加深拓宽。"老师们不但指导我们如何去寻找所需要的资料，同时还引导我们在现有技术的基础上，提出更具开创性的点子，继而再不断论证这些创新观点。在他们的悉心指导下，我们有了一种"听君一席话，胜读十年书"的感觉，也发现了作品的问题所在。首先，逻辑思维不清晰。其次，只站在片面的角度上去思考问题，不够全面。再有就是问题需从更深的层次上去进一步思考。这些问题也足以证明作为少年的我们逻辑思维还需加强，需要通过专业人士的指点才可以不断改进、提升，从而进一步提高自己的各方面的能力。

在老师们的悉心指导和我们的共同努力下，经过一次次的头脑风暴，一版又一版的更新 PPT，作品终于有了雏形。

赛前的我们刻苦地进行着排练。夜深了，我们依旧聚在一起，讨论我们的视频该如何做最后的剪辑和调整，如何让它和演讲完美贴合。从演讲的语音语调，到每一个细微的动作和微表情都被一遍又一遍地修改和演练。排练结束，我们漫步在宁静的月夜归家的路上，不由地大声喊道："我们没见过上海四、五点的清晨，可我们见过上海最美的月色！"

比赛当天看到那么多的选手，其中还不乏外国友人，我们的内心充满焦灼和忐忑。当走上演讲台时，所有的恐惧、害怕、不安都随风而去。此时窗外暴雨如注，仿佛在冲刷我们内心的胆怯，预示着需要经历风雨才能收获成功。此时的我们才真切地体会到"每个人都不会随随便便成功"这句话的内涵。每个人的成功都离不开辛勤的汗水、努力和奋斗。

得知获奖时，我们欢呼着、跳跃着，激动地紧紧拥抱在一起。因为成功的背后是努力、付出、拼搏。与此同时，我们也因为这次比赛收获了太多的进步和成长。

比赛结束了，但思考却没有停止。通过这次比赛我们也认识到随着科技的发展，在社会不断进步的大环境下，国家的整个教育体制是希望我们不仅仅局限于学习，更希望我们从小就能去探索，在探索过程中为自己以后的志向发展定位。在探索求知的过程中，我们除了增强和增加自己的展示技能外，还要学会如何更好地实现团队精神。当遇到困难和挑战时，应该如何去面对和解决问题。在问题的细节上，如何将复杂的科学问题通过一种简单易懂的方式来呈现给未知者，这也是需要我们学习的一种不可或缺的技能。

上海正在建设具有全球影响力的科技创新中心，需要培育未来的科技人才。让我们携手共进，不断提升自己的科学素养、国际视野、团队精神和思辨能力，扬帆起航，用我们年轻的心，去挑战未来，拥抱成功。一起加油吧，少年！

（十二）手术机器人

Hello, My Name is "Da Vinci"

弘文学校　王熠晨　张靖康　丁语颂[①]

指导老师　王　萍　韩玉芳

1. 我的科学故事

Hello, My Name is "Da Vinci" —A Statement from a Surgical Robot

W: Hello everyone. I'm the reporter of Hongwen School. In 1999, Intuitive Surgery Inc in the United States launched the first generation of Da Vinci surgical robot, which attracted wide attention from the society. Recently, the robot doctor has made headlines again. Today, let's go and take a closer look at it.

W: Nice to meet you, doctor Lisa and Robot Davinci.

Z/D: Nice to meet you too.

W: I'm the reporter Eason. May I have a talk with you?

Z/D: Sure.

W: The great artist in the history's name is Da Vinci. It is the same to you. Why is your name Da Vinci?

Z: You mean Leonardo Da Vinci?Wow, he was a great artist. And he was also fascinated by scientific research. To commemorate Leonardo da Vinci, I was then named "Da Vinci Surgical Robot" !

W: That's interesting. By the way, if there is a word to describe you, "gigantic" cannot be more suitable!

Z: Haha. I am specially designed with "three heads and four arms" ! Those are, three operating platforms: the control platform, the surgery platform and the video imaging platform, and four multi-angle flexible robot arms. I'm great, do you think so?

W: Doctor Lisa, what's your opinion?

D: Thank you, Da Vinci, you did a good job. However, it is still the surgeons who are operating from the back-end. We observe and control the three-dimensional scene of endoscopic surgery on a console away from the operating table.

Z: She's right.

D: From there, "human" techniques and methods are transformed into data and information.

Z: After being processed and transmitted to my robotic arm, the surgery will be performed according to instructions.

W: Oh, I see.

Z: The assistant doctor works alongside my robotic arm system to ensure patient's safety.

① 本案例中，王熠晨简称 W，张靖康简称 Z，丁语颂简称 D。

W: Let me guess! Does the imaging system provide surgeons with high-definition images to improve the accuracy of surgery?

D: That's right.

W: That's cool. Can you give some further explanation for your advantages?

Z: First of all, it is a breakthrough for human eye with my 3D high-definition field of view. It magnifies the surgical site 10 to 15 times.

Also, I break through the limitations of human hands. My four robotic arms can rotate 540 degrees, and can eliminate the "hand tremor" of the main surgeon when holding the scalpel.

D: Let me also compliment my fellow. He breaks through the limitations of human physical strength. We can sit to complete the operation, which minimize labor intensity.

Last but not the least, it greatly reduces blood loss and pain of patients, and help the faster recovery.

W: Since you have so many advantages, why haven't you been widely used around the world?

Z: The key reason is the high price. I'm so expensive. For example, it costs nearly RMB 25 million to import me into China.

W: Oh, really? That's a lot of money!

D: More than that.A one-time set-up cost up to RMB 60 000. Not every patient can afford to use.

W: Thank you, Da vinci. And Thank you, doctor.

That's all our role play.

W: The birth of Da Vinci surgical robot is a significant progress in medical and scientific fields. Its application and prospect are worth studying and exploring.So our team has done a lot of research. Now let's share the research results and our own opinions. Welcome back my teammates.

W: First, why is the Da Vinci surgical robot so expensive that it can't be widely used?

Z: Currently, the main reason for not being adopted widely is the monopoly of foreign manufactures. According to the industry forecast of US market research and consulting company, the global minimally invasive surgical robot market is expected to increase from \$6.4 billion to \$14.4 billion in the next five years. At present, relevant products are mainly monopolized by European and American countries, while the market share in China is only 2%, which is far lower than that about 68% in the United States and 16.8% in Europe.

D: Second, What is the demand for Da Vinci surgical robots in China?

W: As regard to the domestic medical industry, the annual compound growth rates of beds and inpatients in medical institutions in China have reached 7.5% and 9.6% from 2010 to 2015. Meanwhile, China has entered an aging society, and the annual compound growth rate of the elderly population has reached 3.54%. In addition, the number of people who have lost their labor force due to stroke and trauma is rising, which leads to increasing demand for minimally invasive, efficient and high-quality clinical services. The huge market demand will promote the rapid development of the medical robot market in China. Therefore, the domestic medical robot market has shown great potential.

Z: Then, how do we solve the problem of not being able to meet the needs of more patients because of the high price?

W: Although the Da Vinci robot is expensive, Chinese scientists have developed their own surgical robot, and the high cost will not be a problem in the future. For the government, some incentive policies should be established to support the vigorous production of robot assembly lines. In the meantime, the government should vigorously support more young people to devote themselves to the scientific and technological development industry, thus cultivating more scientific and technological talents. So, I am looking forward to the bright future of the robot.

Z: The last, will Da Vinci continue to be a doctor's assistant, or is there any chance that it will replace them?

D: Through some research, we found that patients need not only the professional knowledge of doctors, but also their emotional comfort. So, attributing to the current technology limits, We don't think robots can completely replace doctors. Moreover, Da Vinci has set up a dual doctor console scheme. The "shared control" scheme allows doctors to jointly control the robot's instruments, which makes it more convenient for doctors to train and cooperate in surgery, so that doctors and robots can work better together.

W: Besides, we find that technical limitations also restrict the commercialization. So medical institutions can put some public service advertisements to promote this technology and let more people learn about it.

W: Robots are revolutionizing the medical industry. Then let time tell. Thank you for your time.

2. 设计展示（部分）

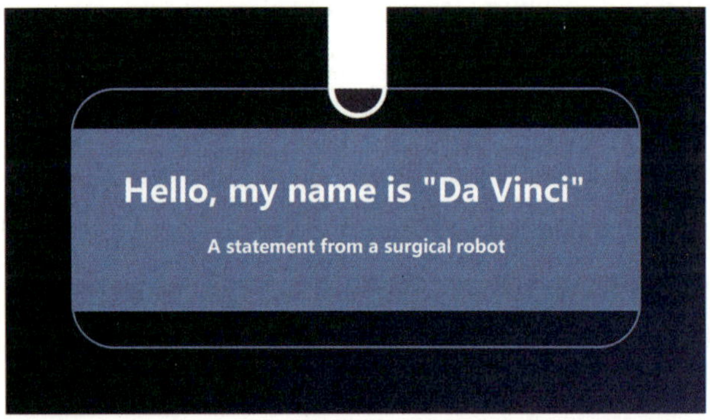

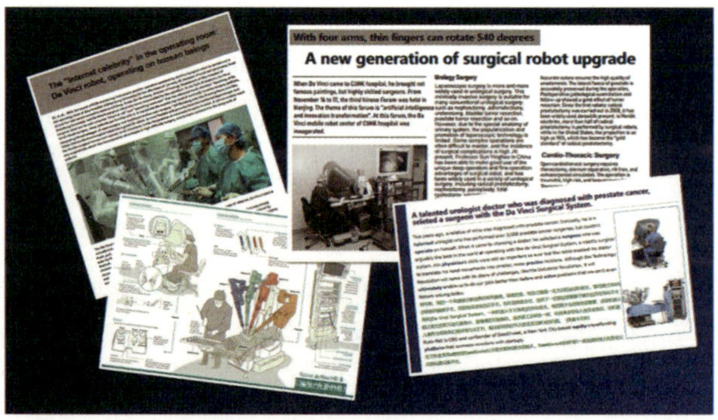

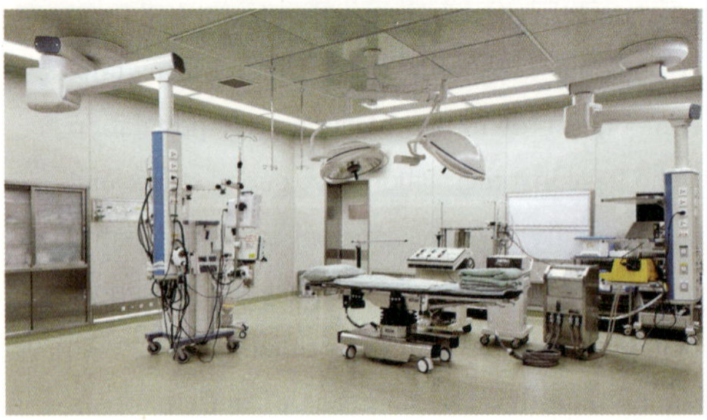

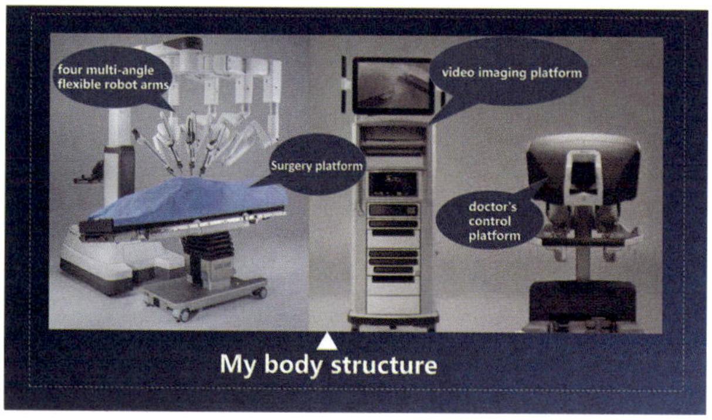
four multi-angle flexible robot arms
video imaging platform
Surgery platform
doctor's control platform
My body structure

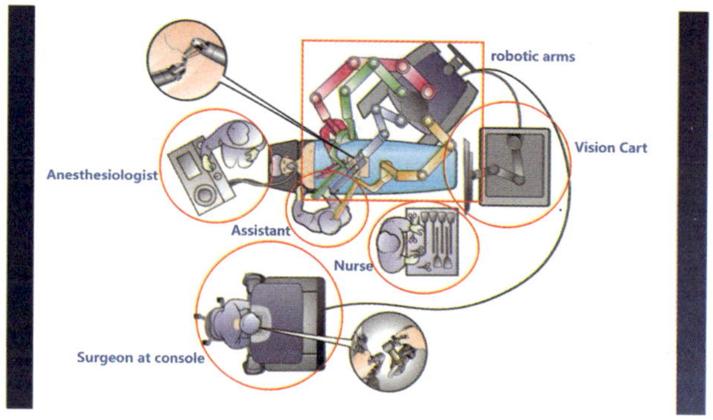
robotic arms
Vision Cart
Anesthesiologist
Assistant
Nurse
Surgeon at console

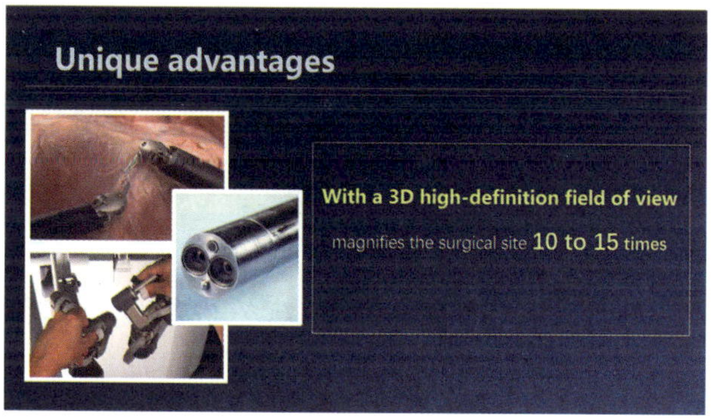
Unique advantages
With a 3D high-definition field of view
magnifies the surgical site 10 to 15 times

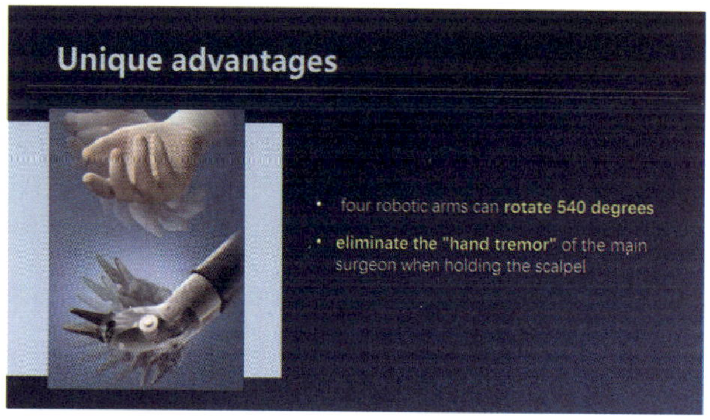
Unique advantages
four robotic arms can rotate 540 degrees
eliminate the "hand tremor" of the main surgeon when holding the scalpel

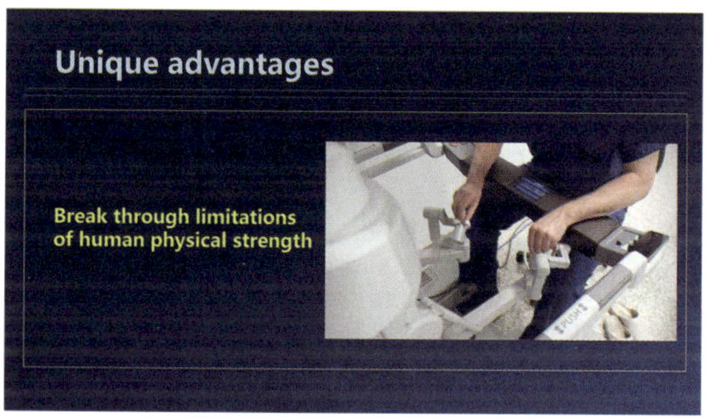
Unique advantages
Break through limitations of human physical strength

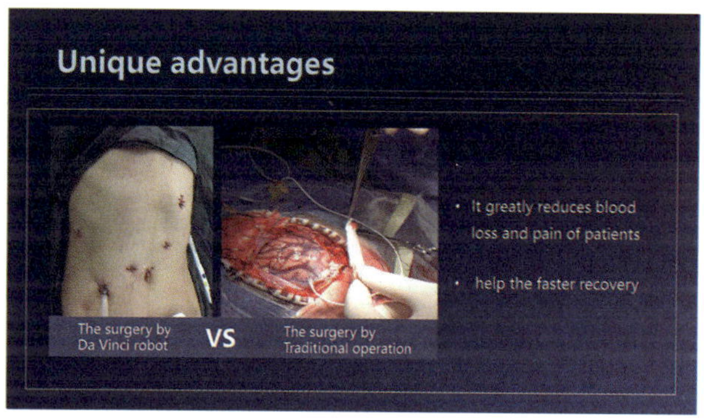
Unique advantages
The surgery by Da Vinci robot
VS
The surgery by Traditional operation
It greatly reduces blood loss and pain of patients
help the faster recovery

Why haven't you been widely used around the world?

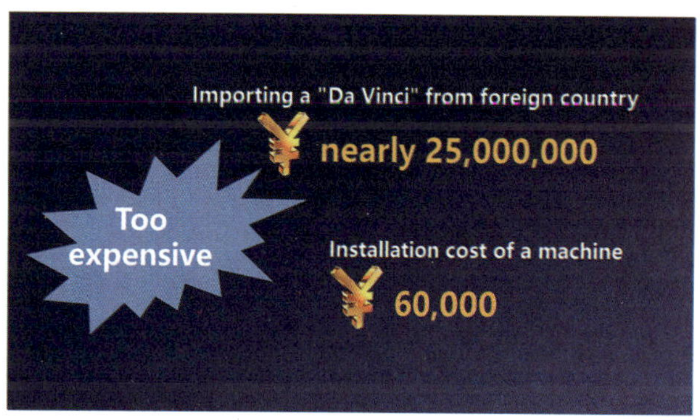
Importing a "Da Vinci" from foreign country
¥ nearly 25,000,000
Too expensive
Installation cost of a machine
¥ 60,000

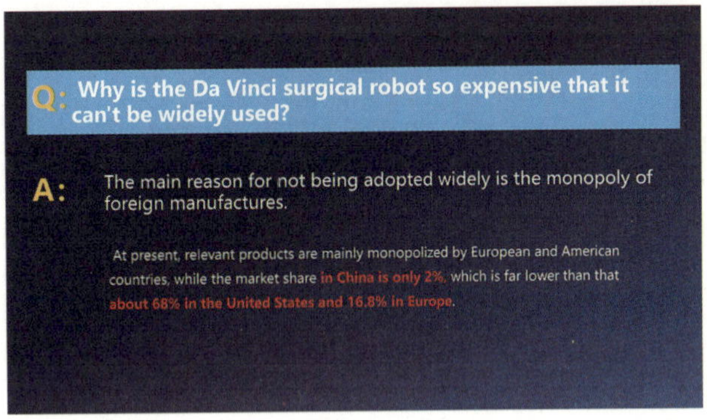

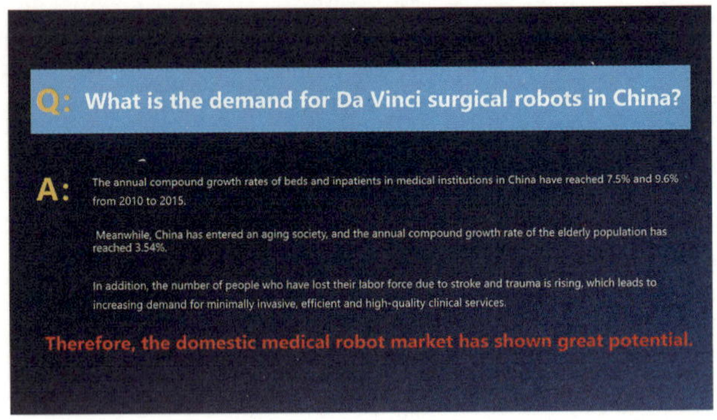

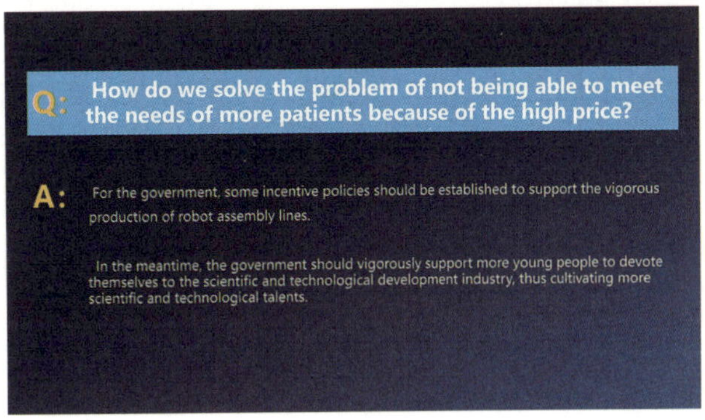

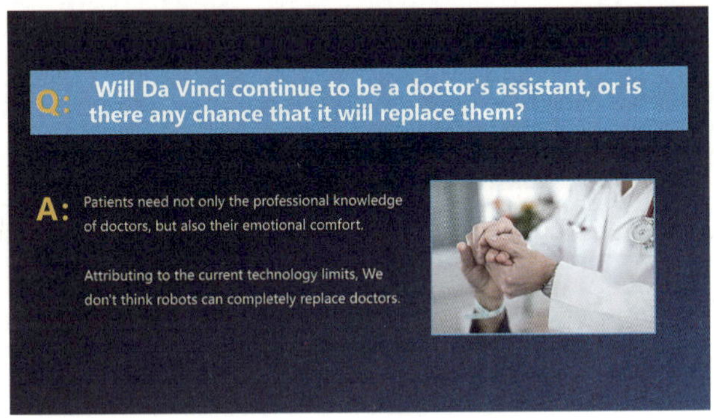

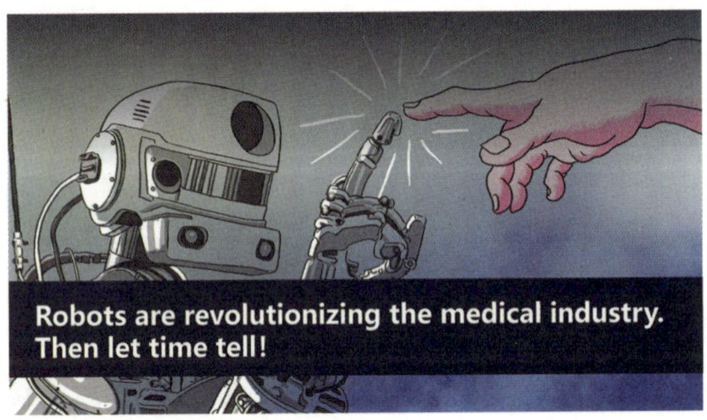

3. 点评

以下将根据工程技术展示与撰写原则，结合此案例进行点评。

一、创新点

一般来说，方案的选题需突出重点，尤其是只突出一个中心和重点。考虑到竞赛的本质更多聚焦于科普性，因此在方案选题时，创新点的衡量因素更多是看该选题是否对标世界前沿、是否是社会公认的研究热点、是否符合我国科技发展需要。就此而言，智能医疗机器人的选题符合上述所有要求，微创手术机器人是世界各国重点研究方向。是一项改变手术未来的新兴技术。作者以达·芬奇手术机器人切入主旨，介绍了相关技术。那么我们接下来需要关注的是，作者在这一问题上是否能够使用比较有深度、让人眼前一亮的展示方式。

二、主旨凝练

在介绍和展示方面，需要注意主旨凝练。如果读者在一年之后还能讲出方案的主旨，这个方案就是成功的。尽管得出这个最后的主旨之前通常要经过一些创新步骤，但要有所侧重。方案应当聚焦在一个主旨上，同时关注多个方面会降低论文的说服力和传播性。这一点最为重要，同样也较难执行，因为它要求作者直面科学的核心挑战，即在有数据和逻辑支持的前提下使主旨最为直观。

那么怎么样才能够算得上是主旨凝练呢？如在本案例中，其选题关注达·芬奇手术机器人系统及其对人类社会的影响，取材于当今的研究热点，符合社会民生需求，并且手术机器人也是国家重点研发方向，可以很好地引发读者的兴趣与思考，避免了选取一个广泛的课题所导致的空洞的、浮于表面的讨论。要突出主旨，最重要的元素是标题，读者所读的标题的数量要远大于方案。标题首先映入读者眼帘，其质量好坏决定了读者是否会进一步深入研究对应的方案。标题不仅传达中心主旨，也提醒选手聚焦在传达这一主旨的文本上。科学毕竟是复杂数据中简单原则的抽象，而标题是对研究方案的最后抽象。好的标题有利于推进实验设计或者理论拓展。考虑到本身的科普性要求，作品可能无需展示过多技术层面的专业知识，但所选题目依然需要突出作品重点。标题“Hello, My Name is ‘Da Vinci’——A Statement from a Surgical Robot？”既包含新意—采用第一人称引发听众兴趣，也很好地概括该方案的研究内容，使读者一目了然，可以更高效清晰地把握方案整体的逻辑与结构。并且，从其叙述方式来看，作者能够开篇切入主题，以第一人称带大家领略相关技术、优缺点，涵盖了优秀作品需包含的要素，符合主题传达要求。

三、结构清晰

接下来我们再来看一下课题（PPT 和演讲稿）展示方法能否突出主题。一般来说，一个优秀的工程技术报告需要包含若干要素，分别为：研究意义、背景、现状；研究局限性；未来研究趋势的展望。接下来，我们按照这几个关键环节具体分析作品。

作者以故事形式点名达·芬奇机器人系统的起源，交代了该技术的起源：“As you know, I am a robot called Da Vinci. You must feel curious. How I get the name and what’s the relationship between me and the famous painter? Let me give you a further explanation.”紧接着，作者详细介绍了该机器人系统的构型、工作方式、优缺点等：“From the appearance alone ...”“To be precise, I’ m a kind of advanced robotic platform. The real operators are the surgeons ...”“First of all, it is a breakthrough in the limitations of the human eye ...”“Also, I break through the limitation of human hands ...”“Besides, I break through limitations of human physical strength ...”。整体来说，行文基本涵盖了背景的介绍和当前技术的描述，结合上文给出的要素，可以发现作者较好地突出了该系统的意义。比如：“系统的重要性”“是最广泛应用的一款手术机器人”“带来了手术技术上的变革”。同时，作者进行了手术机器人行业现状、市场的分析，比如，根据美国市场调查与咨询公司行业预测，未来五年全球微创手术机器人市场预计将从 64 亿美元增至 144 亿美元。目前相关产品主要被欧美国家垄断，中国所占世界市场份额（<2%）远低于美国（≈68%）、欧洲（≈16.8%）。这样不仅仅介绍了“这个技术是什么”，更能让听众产生一种“这个技术果然很重要”的感觉。

之后我们来看技术局限性的部分。“Since I have so many advantages, why haven’t I been widely used around the world? The key reason is the high price.” 作者非常清晰地提出了为何该系统无法普及的关键问题，并且从当前现状初步给出了这一问题的解决思路和该行业未来发展方向。“Nowadays, although many scientists are working to develop their own surgical robots, many of the core components are still dependent on imports, so the cost won’t come down much. But with the advance of technology, I believe that we have remarkable and considerable prospect to bring better services to human beings in more countries and even all over the world. Hope to see you soon in the near future!” 相比于技术介绍部分，这里的内容存在一定的提升空间。实际上，问题的分析和可行方法是非常重要的一环，值得我们深入思考，因为它直接体现了作者的思想、对这一技术的理解和思维的先进性。作者在 PPT 中展现未来趋势时列出许多问题，如图 1、图 2 所示：

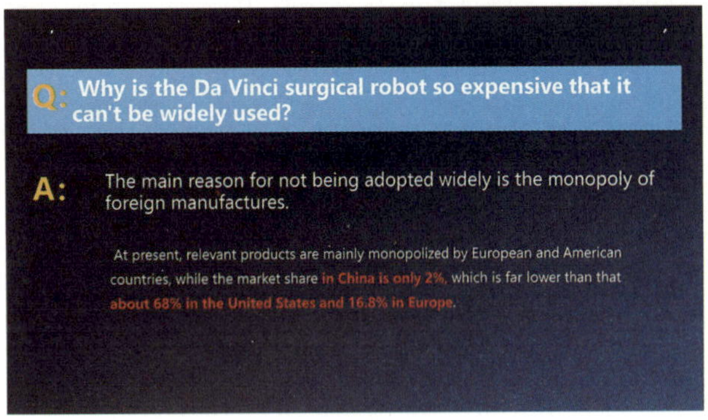

图 1

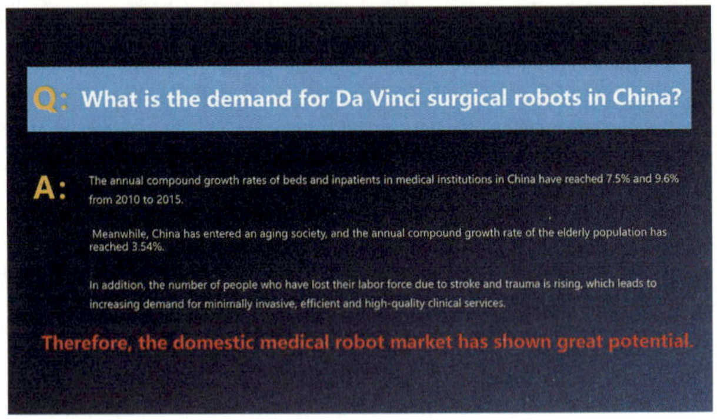

图 2

首先我们非常欣慰能看到一个问题对应一个答案的形式，这样可以更加清晰明确作者针对性的解决思路。但是，作者显然需要花心思对这些问题及答案进行凝练——并非想到什么就简单地罗列在 PPT 上，而要考虑以一定的逻辑关系进行展示。除此外，“We’re worried about if the robot can make a correct judgment in time when something unusual happens”，作者的这一思考其实是很好的方向，值得进一步深思。当前的研究趋势之一就是采用 shared control 模式使医生与机器人更好地合作，而非仅依赖机器人或医生个体处理某一手术作业。对该点加强思考能够进一步提升作品的深度。

四、结语

整体而言，此案例不失为一个优秀范例，尤其是参与者对于工程技术领域热点问题进行了准确定位，其信息获取能力值得称赞，同时又不失与实际生活相结合，既能由浅入深，又能深入浅出，从中发掘探索点，已初步具备工程技术答辩的雏形，令人印象深刻。

4. 活动反思

王熠晨　张靖康　丁语颂

为了提升中小学生的科学素养、国际视野、团队精神和思辨能力，一年一度的科普英语比赛又开始了。今年，比赛以“讲科学故事、普及科学知识、引发科学思考、培育科学创新”为活动理念，鼓励青少年了解前沿科技、用英语传播科学、激发科学兴趣、培植科学土壤。

我和两个好朋友：崇实中学的张靖康、丁语颂，在碰面时聊起了这件事。大家都对工程技术类比赛项目中的手术机器人这一主题颇感兴趣。丁语颂的阿姨是一名医生，曾经对她提到手术机器人的“厉害之处”。张靖康曾在电视上看过有关手术机器人的报道。而我，对于一些医学类的内容一向“情有独钟”。因此我们三人一拍即合，决定组队报名参加比赛。

选定主题后，我们便开始查阅资料，了解手术机器人的构造、优缺点、适应科室等。面对繁多的资料，如何组稿成了我们第一大难题。于是我们三人利用学习之余，在一起斟酌、讨论，力求把最主要和最核心的内容呈现在稿子中。

初稿定稿后，大家总觉得不满意。我们认为，所有的内容都是对网上资料的归纳和梳理，理论没有结合实践，所以显得有些空洞。于是，我们决定去采访丁语颂的阿姨，让她从医生的视角，谈一谈对手术机器人的看法。在与她的沟通交流中，我们对手术机器人有了进一步的认识，于是立刻将这些内容整理到了稿子中。除此之外，我们又加了一些自己对手术机器人未来发展的思考。终于，稿子在一遍又一遍地修改后基本完成了。

接着，我们又一次认真研读了比赛指南，这次比赛希望参赛选手以“科学脱口秀”和讲故事等方式，将晦涩难懂的科技前沿成果转化为生动而不失专业的传播信息。那么要用怎样的方式来呈现我们所要表达的内容呢？这是我们面临的又一个挑战。我认为，这是团体赛，三个人的演讲内容应该平均分配，轮流阐述的方式就能满足这一点；张靖康认为，我们的演讲形式应该更活泼，才能博吸引眼球；丁语颂觉得，我们可以采用对话的形式，使演讲内容更贴近生活。我们三个人产生了分歧，于是便去请教了老师们。她们为我们提供了往年参赛学生的表演形式，并给出了一些指导意见。在老师的帮助下，我们最终决定将稿子分成两部分，上半部分是角色扮演，通过设定在医院采访的情境，由我扮演的记者对张靖康扮演的手术机器人和丁语颂扮演的医生进行采访，从中介绍手术机器人。下半部分则是我们团队三人依次讲述对于手术机器人的应用及前景等的思考。

校赛如期而至，我们的演讲内容和形式得到了评委老师的肯定，被推送至区赛。区赛中有问答环节，我们被评委的一个问题难倒了，没能给出流畅的回答，但最终幸运地险进市赛。在比赛前，我们吸取区赛的教训，更全面地搜集了各种关于手术机器人的资料，让自己的知识储备量更加丰富。功夫不负有心人，市赛中，我们出色地完成了演讲以及问答环节，取得市团队一等奖的好成绩。

虽然比赛结束了，但是它带给我们的并不仅仅是“一等奖”这份殊荣，更是能力的锻炼和提升，我们三人都有很多收获和感想。

王熠晨：科学成就是由一点一滴积累起来的，我们唯有不断地思考和探索，才能将点滴汇成大海。

丁语颂：语言是一门博大精深的学问，精准的语言可以清楚地阐释某一事物。

张靖康：团队合作，总能迸发出新颖的创意；集思广益，总能孕育出闪光的智慧。

科普英语是一项非常有意义的活动，它倡导我们从兴趣入手，把课本上的知识迁移运用到我们的生活中，以理解和传播世界重要科技成果为目标，在设问、质疑、分析、推理、倾听、合作、表达、交流等方式中，逐步形成未来科技创新人才必不可少的科学思维、逻辑思维、创新思维和问题解决能力。我们希望科普英语能将同学们的探索成果汇编成书籍，让它能够走近更多同学的身边，使大家在学习英语的同时，能了解到一些科普知识。

附录 1 学习资源推荐

生命篇

1. Freeland Judson H F. *The Eighth Day of Creation: Makers of Revolution in Biology*（创世纪的第八天：20 世纪分子生物学革命）. United States Edition, Cold Spring Harbor Lab Press, 1996.

2. Audesirk T, Audesirk G, E. Byers B E. *Biology: Life on Earth*（生物学：地球上的生命）. United States Edition, Pearson, 2008.

3. 纪录片：*Access Science—Building Literacy Through Learning*（走进科学）, *HMH*, Great Source.

4. 电子文献：https://en.wikipedia.beta.wmflabs.org/wiki/Main_Page

天文篇

1. *Chaisson E, McMillan S. Astronomy Today (7th Revi). Addison-Wesley Educational Publishers Inc, 1988.*

2. 向守平. 天体物理概论 . 中国科学技术大学出版社，2008.

3. 韩启德等. 十万个为什么 . 少年儿童出版社，2016.

4. 纪录片：*Cosmos: A Spacetime Odyssey*.

物质篇

1. Glencoe Science Modules（科学探索者美国中学教材，共 17 分册）.

2. Miodownik M. *Stuff Matters: Exploring the Marvelous Materials That Shape Our Man-Made World*（《迷人的材料》）. UK, 2015.

3. Cahn R W. *The Coming of Materials Science*（《走进材料科学》）. UK, 2001.

4. Handbook of Materials Characterization. published by the registered company Springer Nature Switzerland AG, 2018.

5. Hawkes P W, John C H. Spence Science of Microscopy, 2008.

6. Materials Science and Technology Teachers Handbook. U.S. Department of Energy, Pacific Northwest National Laboratory, 2008.

7. BBC、中央电视台、各网站等材料科学纪录片.

工程篇

1. Murphy R R. *Introduction to AI Robotics.* US, Massachusetts Institute of Technology, 2000.

2. Tegmark M. *LIFE 3.0 Being Human in the Age of Artificial Intelligence.* New York, US, Penguin Random House LLC, 2017.

3. 白宏伟，龙华. 解密智能制造. 上海教育出版社，2020.

4. 鲁凌云，赵宏智，丁一等. 走进奇妙的物联网. 清华大学出版社，2020.

5. 电子文献：

https://www.therobotreport.com/

https://easternpeak.com/blog/iot-in-agriculture-technology-use-cases-for-smart-farming-and-challenges-to-consider/

6. 纪录片：*AlphaGo*，*In the Age of AI*

7. IoT in Agriculture: 8 Technology Use Cases for Smart Farming，Alexey Chalimov.

8. Nager M. The Smart Student's Guide to Smart Manufacturing and Industry 4.0.

演讲资源篇

1. 克里斯・安德森. 演讲的力量. 蒋贤萍译. 中信出版社，2016；www.ted.com.

2. Stephen E Lucas S E. 等. *The Art of Public Speaking*（《演讲的艺术》, 中国版）. 外语教学与研究出版社 , 2021.

附录 2 2021 年上海市青少年科学思创挑战活动通知

关于开展 2021 年上海市青少年科学思创挑战活动的通知
（Shanghai Youth Science Ideas & Practice Challenge）

各区青少年活动中心、少科站：

以习近平新时代中国特色社会主义思想为指导，坚持党“立德树人”和“五育并举”的教育方针，贯彻《上海市义务教育项目化学习三年行动计划（2020—2022 年）》精神。发挥校外教育“活动育人”的效能，以活动项目为载体，加强课堂与真实世界的联系，推动项目化学习的实践，提升初中学生的科学素养、国际视野、团队精神和思辨性思维能力，为上海建设具有全球影响力的科技创新中心培育未来的科创人才，本中心将举办 2021 年上海市青少年科学思创挑战活动。

一、活动主题

创新，始于分享与众不同的 IDEA。

二、活动宗旨

活动旨在激发中学生的潜能，构建面对未来的核心能力。以兴趣为主导，注重探究过程，用科学思维打开中学生的创造性智慧，使其乐于共享、合作、交流，有不畏困难直面问题解决问题的勇气，培养科学家的潜质，敢于创新和实践。

三、活动对象

本市全日制在校六、七、八、九年级的学生。

四、活动语言：英语

五、活动内容

活动倡导初中生从兴趣入手，把课本上的知识迁移应用到生活中，以理解和传播世界重要科技成果为目标，开展“科学之思”和“科学之创”综合实践活动。以设问、质疑、分析、推理、倾听、合作、表达、交流等方式，将晦涩难懂的科技前沿成果转化为生动而不失专业的传播信息，用“科学脱口秀”和讲故事等多种方式进行传播，逐步形成未来科技创新人才必不可少的批评性思维、创新思维和问题解决能力。

（一）科学之思（Science As Ideas）

鼓励初中学生利用现代信息技术，从国际科学权威期刊、书籍、科学网站等多渠道自主学习获取信息，关注世界科学发展成就和未来趋势，理解科技创新成果背后的科学原理，以及在现实生活中应用的价值和意义，把专业的科学内容和科技前沿成果，用自己的通俗易懂的口语化的语言进行表达。鼓励青少年发挥想象力创造多元的科普形式，如以“科学脱口秀”和讲故事等方式，架设科技与公众之间的桥梁，从小培养科学思维习惯和科学交流表达能力。

（二）科学之创（Science As Practice）

倡导初中学生运用已有科学知识，观察生活，提出关键科学问题，运用科学方法，如可靠的文献资料、实验数据和令人信服的逻辑推理解决问题，或提出可行的解决方案。活动旨在培养初中学生的创新意识、实践能力、团队精神、批评性思维能力和科学表达交流能力。

六、活动流程

活动分为校级、区级和市级三个阶段进行。

（一）报名

2021 年 3 月中旬各区青少年活动中心（区少科站）组织基层学校报名。各区汇总报名人数并上报市科技艺术教育中心。

（二）校级活动阶段

科学之思（Science As Ideas）、科学之创（Science As Practice）

时间：2021 年 3 月下旬

组织：各学校自行组织

形式：线上线下结合

（三）区级活动阶段

科学之思（Science As Ideas）、科学之创（Science As Practice）

时间：2021 年 4 月—5 月

组织：各区青少年活动中心 / 少科站

组织形式：以个人或团队形式报名，团队人数为 3 人，以区或校为单位组队

比赛形式：建议各区根据实际情况线上线下结合开展

学生任选“科学之思”或“科学之创”一项参加，用英语进行现场陈述，陈述时间个人和团队均不超过 5 分钟，并回答评委提问。

各区根据活动结果选拔一定比例的个人或团体，参加市级分享展示活动。

（四）市级活动阶段

科学之思（Science As Ideas）、科学之创（Science As Practice）

时间：2021 年 6 月（具体时间另行通知）

组织：上海市科技艺术教育中心

组织形式：以个人或团队形式开展（团队人数为 3 人，以区或校为单位组队）

1. 比赛形式：学生任选“科学之思”或“科学之创”一项参加，用英语进行现场陈述，个人和团队陈述时间个人和团队均不超过 5 分钟，然后回答接受评委提问。

2. 报送材料：各区在规定的时间期限内将选拔出来的学生的作品提前报送至市科技艺术教育中心项目负责老师处。

（1）科学故事（不超过 1 000 字）

（2）辅助 PPT 电子版

格式为 PPT 或 PPTX，不超过 20 页，文件大小不超过 35 MB。

设置为普通播放模式，不设置自动翻页。

封面请用中文注明学校及姓名。

（3）演讲视频

格式为 MP4，时长不超过 5 分钟，文件大小不超过 100 MB。

画面清晰稳定，声音清晰响亮，无噪音。

以学生为主体，背景简洁。

七、活动评价方式

活动从个人或团体的科学素养、创新意识、表达与思维能力、情感体验、团队合作五个方面进行科学评价。

上海市科技艺术教育中心

2021 年 3 月

附件 1：我的科学故事
——2021 年上海市青少年科学思创挑战活动故事报送表

序号 ________ 区 ________ 学校全称 ________ 姓名 ________ 年级 ________ 指导老师 ________

故事题目	

说明：

讲述科普英语故事是传播重要科学发现的途径，也是培植科学土壤和培养科学思维的重要方式之一。

本次活动鼓励中学生通过科学杂志、科学讲座、网络、电视等多种途径，寻找科学领域内关键技术，理解相关原理，用通俗易懂、生动有趣的语言讲述科普英语故事。

本次活动的关键技术包括：

1. 生命科学
   （1）病毒疫苗
   （2）基因编辑
   （3）灵长类动物克隆
2. 物质科学
   （1）材料科学
   （2）核磁共振仪器
   （3）X 射线仪器
3. 地球宇宙科学
   （1）VLBI 技术在天文观测、深空探测中的应用
   （2）主动光学技术
   （3）激光测距技术
4. 工程技术
   （1）无人驾驶中的人工智能
   （2）手术机器人
   （3）空间机器人
   （4）智慧农业
   （5）智能制造
   （6）智慧物流

字数要求：不超过 1 000 字（英文）

附录 3 活动评价参考标准

附件 2：2021 年上海市青少年科学思创挑战活动评价表

等级	团队合作	语言能力与台风	准确性（演讲逻辑）	表现力	通俗性	现场答辩能力
优秀	采用脱口秀、短剧等丰富的表达形式，且团队成员之间配合得天衣无缝。	脱稿陈述；声音响亮，语速适中，口齿清楚，用词准确；全程与听众有眼神交流；无明显语法错误，语言功底较强。	至少包括选题理由、内容、工作原理及其可能的应用。内容准确，层次分明，逻辑性强。	表现形式丰富多样，有说服力，有趣味性和吸引力，能引起听众共鸣	陈述口语化，有传播意义，表达通俗易懂，听众有收获。	对评委提问迅速做出回答，对相关问题加以充分的说明和解释，反应敏捷，回答流畅准确，思维具有创造性，回答具有针对性。
良好	采用分工合作等表达形式，且团队成员之间配合较好。	半脱稿陈述；声音和语速尚可；与听众偶尔有眼神交流；语句偶尔有阻碍，或个别用词不当，或个别语法错误。	与优秀相比，缺少 1 个相关内容，如缺少选题背景或应用。内容尚准确，层次不够清晰，逻辑性不够强。	表现形式单一，有说服力，尚能引起听众共鸣	多采用书面语言，有传播意义，但非专业听众理解有困难，收获内容有限。	能够听懂评委的提问，对部分问题能够做出回答，回答基本流畅准确。
合格	团队成员之间配合欠佳或没有合作。	1. 不脱稿：仅给 1 分 2. 与听众没有眼神交流；3. 吐字不清晰，声音很小；整体语言表达一般，词汇或语法出现失误较多（5 处以上）。	与优秀相比，缺少 2—3 个相关内容。内容不准确、空洞。缺乏条理，逻辑性弱。	缺乏表现形式，没有说服力，不能够引起听众共鸣	语言晦涩难懂，不符合认知水平，没有传播意义；非专业听众无法理解或者听懂，没有收获。	没有听懂评委问题，不回答或者答非所问。

附录4 指导教师感言

上海市实验学校　徐嫣莉老师

科学思创挑战活动要求参赛者以英语演讲的形式讲述最前沿的科普知识。这样跨学科、强调综合能力的比赛在英语学科范畴中是非常新颖的，准备起来也并无先例可循，大部分时间是学生独立探索。作为辅导老师的这几个月，我欣喜地见证了曹赞同学的不断成长和提高，最终获得上海市一等奖并且被选为了优秀案例，我认为他的成功来源于对科学知识的渴求以及对自身写作与演讲能力的不断打磨。因此，本篇心得将先从老师的视角展示曹赞同学的一路历练与成长，再从科学知识、英语写作能力和演讲能力三方面解构比赛的评价标准，希望为其他指导老师提供经验。

在活动初期的报名阶段，较为高端和陌生的技术话题容易让很多学生望而生畏，即使是本身英语程度较好的同学也会不自信。但因为学生还小，未来几年可能都会参与这个活动，所以我希望他们能够多去尝试，积累经验。我知道曹赞对英语和演讲本身就很有兴趣，就鼓励他参与，因为比赛的过程对学生也是一种锻炼。参与比赛对学生来说是一个很大的挑战，因为这不是靠文采和想象能完成的，他必须自学知识，将所学整理和吸收后再落笔成文，这是一个独立自主学习的过程。因此对初中学生来说，老师提供一些帮助是非常必要的。在帮助他修改文本的过程中，我能看出他查阅了大量资料，内容写得非常翔实，但是由于我对这个话题不熟悉，我不能确定文稿中的英文用词是否专业，是否提到了这个领域中的重大发现和最新成果，以及是否准确解释了其中的关键技术，我必须自己先去学习。于是在大概一两个下午的时间内，我参考了权威网站上对灵长类动物克隆的报道，包括《自然》《国家地理》以及国外的新闻、视频网站，从而了解了这项技术，自己也做了笔记。再看他的初稿，我发现他绝大部分内容都是正确的，但关键技术的解释还不到位，也缺少了科研成果的实际应用的介绍。于是我把我消化过的知识再和他讲解一遍，他记了不少笔记。他很聪明，第二天交上来的修改版已经准确捕捉到了关键点。

在视频录制期间，我相信很多同学都会遇到的难题就是如何把千字的稿子在五分钟内流利地呈现出来。曹赞语速特别快，但是面对观众可不能依旧飞速，这很可能会造成普通听众没有足够时间去理解本就高深的科学知识。我告诉他必须要有重点，每句话都有要强调的部分，如有需要的话最好用手势去搭配，再放慢语速，就可以让听众跟上演讲者的步伐。我并没有一句句帮他纠正，而是告诉他一个思路，以他的理解能力，可以自己去琢磨每句话的表现方式。我示范了几句话后，曹赞就开始对全文进行加工，设计的手势和重音相得益彰。另外，曹赞在录制期间有时会忘词，有好几次在文章靠后的地方卡住，必须全部重录。我不希望他泄气，就告诉他没关系，我们看看是否需要修改讲稿，换一个句式或者连接词，或者有什么难词可以替换掉。他也积极地出主意，把原文修改得更加顺口。另一种解决方法是在 PPT 上写下容易忘的内容，他到时可以自然地回头看一眼 PPT，也和 PPT 产生互动。我向他示范了一遍，他露出了恍然大悟的表情，立即用上了。在掌握了应对忘词的方法后，他的演讲显然上升了一个档次。两个晚上的时间，我们完成了录制，我惊叹于他一遍又一遍演讲的活力与意志力，迅速流利背稿的能力，以及能够提醒自己控制语速和添加手势的细节性把控，正是这样的精益求精使他最终录制了一个完美的版本。

决赛中增加了一个现场随机提问环节，我想帮助他再准备一下，毕竟已经走到了决赛。在和他约谈之前，我先看了他提前准备的问题和回答，之后倾听他的想法、帮助他梳理思路，我告诉他不需要死记硬背整段回答，记住关键词就足够了。随后，我们搜索关于克隆的热门话题，参考各方观点，又储备了一些知识。这个准备过程的目的不仅仅是去预测评委老师会提的问题，我希望他知道，面对一个新的问题，我们有什么思考的角度，或者有哪些流行的观点和立场，通过吸纳或反驳这些观点，逐步建立自己的观点。让我觉得很感动的一个细节是，我们遇到了一个问题：动物克隆技术可能是以牺牲动物为代价换取人类的医疗科学发展，你认为这是否值得。我还在思索的时候，曹赟直言他不赞成这样的行为。他解释说，为了治愈某种疾病，人类可以去研发疫苗，寻找有效药物或其他治疗方式，比如进行手术等，动物克隆不是唯一的途径，人类不该对动物如此残忍。在那一刻，我觉得我无需再为这个环节担忧了，因为他已经具有独立思考的能力了。

我认为，本次活动旨在测试学生三方面的水平：科学知识、英语写作能力和演讲能力。科学知识是最重要的，学生参考的可能是中文资料，再将其转化成英文，但是老师是有能力直接阅读完整的英文报道的。因此，指导老师可以去阅读相关资料，做一些笔记，形成自己的思路。如果学生有疏漏的地方，要帮助学生理解。在指导写作的时候，老师可以站在文章架构的层面，关注文稿内容是否全面，从历史背景、现有成果、实际应用、技术实现难点、学界对这项技术的讨论热点等方面进行综合考量。并且老师要关注学生是否使用了准确的英文技术用词。在确定科学内容的准确性后，再开始修改文章的遣词造句。演讲能力是属于比较高阶的口语能力，最基础的要求是学生发音准确和语音语调把控能力，这些在短期内无法提升，所以不符合这条标准的学生可能就止步初赛了。除了语音上的要求，还有对文本的熟悉程度，优秀的演讲者会流利自如地讲完全稿，并且不会过度依赖 PPT。在复赛中筛除的可能是那些连稿子都没背熟、照读 PPT 的选手。决赛中能脱颖而出的一定是与观众有充分眼神和肢体交流的演讲者，他们敢于直视观众，也能顾及坐在各个位置的观众，他们有丰富的肢体动作和自信的姿态。指导老师可以仔细研读评分细则，对照着学生的表现，检查各个方面需要提升之处。

优秀的演讲者并不是生而优秀的，他们或许的确有过人之处，但是同样需要付出巨大的努力。而努力的过程不是学生在孤军奋战，老师可以与他们并肩同行，助力他们一路披荆斩棘。我很幸运遇到了曹赟这样一位聪明且踏实的学生，他有过对科学话题的畏难和不自信，有过大段大段修改稿件的经历，有过一次次因为不同原因导致的录制失利，有过付出大量精力参加比赛同时面对繁重课业的压力，但他从未因为种种困难而降低对自己的要求，而是一直认真倾听和实践老师的建议，一路走来，是不断反思和改进的历练，最终成就了舞台上如此闪耀和自信的他。

特别鸣谢

边风刚　陈广兴　戴文斌　马为民
王贺升　徐嫣莉　张绍铎　张艳辉
赵国屏　左文文

董桃华　奉贤区青少年活动中心
高继光　松江区青少年活动中心
龚　峰　崇明区青少年活动中心
刘皂燕　长宁区少年科技指导站
倪佩丽　嘉定区青少年活动中心
沈林萍　静安区青少年活动中心
谭　婕　闵行区青少年活动中心
唐君超　宝山区青少年活动中心
王妙莹　黄浦区青少年艺术活动中心
王佩玲　普陀区青少年中心
项晨健　青浦区青少年活动中心
严华静　浦东新区青少年活动中心
杨解蔚　杨浦区青少年科技站
张　云　徐汇区青少年活动中心
张肖洁　虹口区青少年活动中心
朱静宜　静安区少年宫
朱在英　金山区青少年活动中心

摄像　李嘉祺
后期　田睿芳